咸蛋超人對超人：
美日流行文化的隱喻

Ultraman v Superman:
The Metaphors in American and Japanese Pop Culture

目錄

序

魁隆（Thanos、滅霸、薩諾斯）企圖消滅全宇宙一半的生命，地球唯有出動以超級英雄組成的「復仇者聯盟」來與之對抗，保護地球。另一方面，史前怪獸又出來破壞城市，屬於「科學特搜隊」的早田進立即拿出變身器，變身成為「光之巨人」與怪獸搏鬥⋯

在香港，基本上沒有土生土長的人對美日流行文化完全不認識。美日流行文化已經融入了我們的文化，美式快餐日式美食已經成為我們的飲食文化一部份，日常用語亦已經加入了不少日本詞彙：放題、達人、素人、萌⋯等等，而荷里活的電影更是香港人不可或缺的一種娛樂方式，近十多年的網絡串流平台更令我們可以更容易更方便地接觸到美日的流行文化作品，美日文化對我們的生活在各方面都有影響。

跟大部分在香港長大的人一樣，我從小就受到美日流行文化的影響。小時候整天在看電視、電影和動漫，《蝙蝠俠》(Batman) 和《蒙面超人》(Kamen Rider、假面騎士) 等作品都是陪伴我長大的娛樂。這些流行文化裏的角色早已深深印入我的心中，到了成年也對這些作品十分注意，每次有熱門的作品時總會留意一下。

隨着年齡的成長，我對美日流行文化的接觸越來越多，加上自己也成為一個創作人，在欣賞美日流行文化的作品

時，開始從一個客觀的角度去思考，看多想多之後就發現美日作品中隱含的隱喻變得越來越明顯，而且各自有自己的特色。每一種文化創作都會直接或間接地受到他們自己的文化歷史所影響到，儘管不同的作品在故事和類型上有很大的差異，它們創作背後的訊息都不知不覺地圍繞着相類似的軌跡。

在欣賞了這麼多的流行文化作品之後，多少結合了一些對美日流行文化的見解，想在這本書裏面與大家分享一下。要強調這些只是我個人的想法，在過去的日子，我在不同的崗位參與不同的創作，這裏的分析是從一個創作人的角度去看美日流行文化。

在這本書中，我首先會比較日本流行文化與美國流行文化中超級英雄的區別，並通過不同的例子來說明我認為存在於美日流行作品中，因文化歷史宗教上的差異而使作品創作方向根本上的不同發展。在第二和第三部分，則會通過深入探討日本和美國作品中的一些主要的「文化隱喻」。

要解釋一下，這本書所引用的例子，全部都是以實際的歷史作為基礎，或許有人會不同意我的詮釋解讀方式，但本書所引用的資料都是事實，可以在網絡上輕易引證。我用的例子也聚焦在主流或大部分流行文化創作，當然會有不少作品橫跨不同文化，亦有不少例外的作品，但那是另外一個分析議題，有機會在其他的地方分享。另外，本書提及的歷史背景，對一些人來說可能涉及一些禁忌或打破

對某文化的固有想法，請大家從一個純客觀討論的角度去看我的分析。我本身十分喜愛美日文化，我希望讓讀者看完這本書後，可以從另外一個角度去欣賞美日流行文化作品之餘，同時對美日文化更深入豐富的體驗和理解。

「文化隱喻」和
「符號分析」

　　所謂的「文化隱喻」指的是作品中所呈現的深層意義或創作靈感受到自身歷史傳統文化中的事物影響。每個國家的文化都帶着自己的歷史包袱，同時，作品中呈現的「文化隱喻」也能反映出當時當地的社會氛圍。這些作品不僅僅只有娛樂元素，事實上，無論作品如何商業化，它們都有意無意之間流露出不同的「文化隱喻」。我們可以在這些「文化隱喻」中看到不同文化的社會現象和價值觀，讓觀眾能夠更深入地了解其社會風貌和價值體系。

　　什麼是「符號分析」呢？簡單來說，不同文化會借用一些「符號」去表達訊息，我們的生活中充斥着各種不同的「符號」。舉個例子來說，當我們看到一個黃色 M 字的圖案，就會直接聯想到麥當勞、快餐和漢堡包。M 字本身跟漢堡包是沒有直接聯繫的，是麥當勞將其的標誌和快餐聯繫在一起，告訴我們黃色 M 字代表快餐和漢堡包。所以每當我們看到黃色 M 字標誌時，我們就自動明白在那裏可以吃到快餐和漢堡包。在這個例子中，黃色 M 字就是一個「符號」。約定俗成的例子是我們在拍照時常擺出的 V 字手勢，V 字手勢本身是沒有意義的，但當我們大家一起在拍照時都做這手勢，V 字手勢就變成我們文化中代表喜悅的「符號」。透過「符號分析」，我們可以研究這些符號與各自文化的聯繫以及它們所代表的意義。

　　在流行文化作品層面上，漫威 (Marvel) 和荷里活電影

中就經常出現大量我們稱為「彩蛋」的「符號」。那些「彩蛋」與電影故事沒有關係，但卻「隱喻」這部電影與其他電影以外的角色有聯繫。在創作過程中創作人常常會有意無意地運用「符號分析」和「文化隱喻」作為創作的支柱。這種做法可以豐富作品的內涵，並與觀眾建立共鳴，使他們更深入地理解作品所傳達的訊息。

每當我欣賞美日流行文化作品時，我都會不自覺地以創作人的角度進行符號分析，解讀其中的隱喻。我會仔細觀察角色的象徵意義和符號的含意，探索它們所代表的意義和象徵性。同時，我也會深入挖掘故事背後的深層意義，思考作品所反映的社會議題和價值觀。最重要的是，我會關注作品所處的文化背景，這有助於我更好地理解其中的文化隱喻和訊息。

01 鹹蛋超人對超人：

美日「超級英雄」之大不同

在亞洲文化與價值觀中長大的我們，在觀看日本動漫、電影和電視劇時，往往能夠找到一些與自己文化與價值觀相符的元素，這包括家庭倫理關係、愛情觀等。對這些文化與價值觀的認同，讓觀眾在觀看日本動漫、電影和電視劇時感到親切和共鳴，它們能更容易夠觸及觀眾的情感，甚至引發思考。

另外，當我們在看美國荷里活電影時，又會被那些充滿電腦特效的場景和簡單的正邪對決劇情娛樂到，無容置疑，荷里活電影因為製作費巨大的關係，為我們提供一個聲音與影像的感官享受是其他地區製作的流行作品不能比較的。加上故事易明，正反角色明顯，聽不懂英文也知道故事在講好人打敗壞人，所以從小到大，看荷里活的電影是娛樂的首選。

在長期被日本流行文化的熏陶下，對我們來說，超人打怪獸是理所當然的事情。然而，有些人可能沒有注意到在傳統的西方文化中，美國的超人概念與日本的超人存在着很大的不同，而且他們近乎沒有像怪獸這樣反派敵人的存在。

在欣賞美日流行文化的時候，我們只要細心將兩種作品比較一下，就可以看到美日的流行作品因為被自身文化歷史的影響，縱使創作的起點相近，但是在創作時往往因為

13

文化不同而做出不同的決定，正是這些決定累積起來，令美日流行作品看起來有這麼大的分別。我們要真正深入地理解美日的流行文化，首先就需要將兩種流行作品進行比較。而超級英雄自上個世紀五、六十年代以來如雨後春筍般的冒出，成為美日流行文化的其中一個主軸。在這一部分，我們來仔細比較一下美日流行文化中超級英雄作品裏的「文化隱喻」差異，看看歷史文化對一個地方的流行作品的影響有多深。

超级英雄的設定

每一個作品裏面的角色都有他們的設定，角色設定對作品來說十分重要，因為好的設定令故事發展變得順暢和容易令人入信。設定是包括背景、性格、經歷、年紀、社交圈子、樣子、身材以至衣着品味等等，這些設定告訴觀眾怎樣去看每一個角色，令角色在故事裏的選擇變得合理化。例如「蝙蝠俠」因為幼時目睹父母被殺而變得痛恨罪犯，加上他是億萬富豪，所以能夠擁有那麼多的尖端武器。《蝙蝠俠》的設定令以後故事的發展合理化，在看《蝙蝠俠》時，觀眾既不會問既然「蝙蝠俠」有那麼多錢，為何不去享受生活而要冒着生命危險去打擊罪惡？亦不會問「蝙蝠俠」有那麼多高科技玩具，為什麼其他人沒有之類的問題。

每一個成功受歡迎的超級英雄背後都有一個十分清楚合理甚至感人的設定，否則該作品就缺乏令觀眾有代入角色的空間，觀眾不會看得投入。以下的部分就看看美日超級英雄在設定上的分別。

神與神打

要比較美日的超級英雄，我們可以從最基本的角度出發，以比較美日的「超人」作為例子，日本流行文化的「超人」代表無容置疑就是《咸蛋超人》（Ultraman、奧特曼、超人力霸王），而美國代表亦是元祖級超級英雄《超人》

（Superman），選擇他們作為比較的原因是因為當談到美日的超級英雄時，大部分人首先想到的就是這兩位角色。他們已經成為文化符號，並在各自的文化中產生了巨大的影響力，同時也開啟了一個類型的作品。

仔細觀察，這兩位超級英雄有著相似的角色設定：兩者都是來自外星具有超能力的人，他們前來地球是為了拯救人類。平時，他們都以普通的地球人身份生活，只有在人類面臨危險時才會展示自己的真正身份來拯救地球。這個簡單的設定在經過東西方各自文化的過濾之後，讓這兩位超級英雄的起點變得完全不同。

先談談《咸蛋超人》，「咸蛋超人」是外星人派來地球保護人類的代表，值得注意的是，「咸蛋超人」不只有一位，從第一代吉田開始，在不同的時間和地點，會出現不同的超人來保護地球。在 1987 年，甚至出現過一部美國版的「咸蛋超人」動畫作品《Ultraman: The Adventure Begins》（此作品找不到香港譯名）。「咸蛋超人」們到地球後需要取得一個地球人的身體，每當有怪獸出現四處作出破壞時，那位地球人就會拿出變身器變身成「光之巨人」與怪獸博鬥。

這故事我們從小看到大，不覺得有什麼特別之處，但是，如果我們撇開科幻和我們對這些元素的習慣，客觀地思考一下，就會發現這個概念本身非常具有東方宗教的色彩。用另一個角度去說，這也是一個我們不陌生的情景，

一個善良的人，當世界遇上災難時，請求神明得到回應，這個神明借用人類主角身體在世間顯靈作法抵抗災難或惡鬼。從我們的傳統文化來看，這活脫脫就是請神上身的「神打」或「神附體」概念，或者說《咸蛋超人》的故事設定是受到日本「神道教」影響的產物。

日本國教「神道教」是一個多神信仰的宗教，他們崇拜神的數量可以多達「八十萬神」或「八百萬神」，所以「咸蛋超人」在光之星上可以有很多個，從第一代超人吉田到現在，最少也有過四十多位「咸蛋超人」來保護過地球，以後亦會有更多新的「咸蛋超人」加入。

另外，日本「神道教」與很多世界上的宗教的共通點是對太陽的崇拜，很多宗教的主要神明是太陽神，如希臘的太陽神阿波羅（Apollo）、埃及的太陽神拉（Ra）等，這是因為人類早期文明都是農耕社會，所以對主宰植物生長的太陽特別敬畏。日本的國家名字和國旗就是以太陽為中心，可見太陽在日本文化中的地位。《咸蛋超人》裏面超人之家「光之星」明顯是太陽的隱喻。如果留意一下日本流行文化，會發現很多名字（無論人名或作品名）都會用「光」、「明」等字眼（宇多田光、黑澤明），如動畫《阿基拉》（Akira）名字的意思就是「明」，作品裏加上「藝能山城組」的配樂令其宗教意味更濃。

假如大家覺得宗教信仰如「神打」只是巧合，日本的流行創作不是被傳統宗教影響的話，只要客觀地看一下，就

會發現這類作品在日本流行文化中亦十分普遍，比較近期的作品如《咒術迴戰》(Jujutsu Kaisen)，也是一個主角被「咒靈」上身，被「奪舍」與惡靈戰鬥的「神打」式故事。而在不少流行作品中也經常出現「神道教」的巫女角色，如《犬夜叉》（Inuyasha）的女主角日暮籬。傳統巫女的工作之一是請神上身與人溝通，如我們中國道教信仰中的乩童，所以日本傳統信仰裏「神打」的元素是不可或缺的。

相反，美國的《超人》的設定就完全不同，「超人」是一個獨自來到地球的外星人。要注意，世界上只有一個「超人」，死了就只可以復活，不能替代。「超人」在地球長大，所以假扮成地球人，用他的超能力去保護地球和人類。假如跟《咸蛋超人》的分析方法一致的話，《超人》的設定是受到聖經故事所啟發，神之子耶穌在人間降生以神蹟拯救世人的故事影響。因為天主教是個一神信仰的宗教，所以就只能有一個「超人」，可以有《超女》(Supergirl) 和超狗《DC 超級寵物軍團》(DC League of Super-Pets) 裏的「超級狗氪普托」(Krypto the Superdog)，但「超人」始終只得一個，不會像《咸蛋超人》般有四十多位「兄弟」。

事實上，超級英雄是救世主的隱喻在美國流行文化屢見不鮮。除了《超人》隱喻耶穌之外，《星球大戰》(Star Wars、星際大戰)、《22 世紀殺人網絡》（The Matrix、黑客帝國、駭客任務）、《哈利波特》（Harry Potter）、以至《降世神通：最後的氣宗》(Avatar: The Last Airbender)，數之不盡的故事主角都是「天選之子」

(the chosen one)，這無疑是受到西方的宗教所影響。要注意「天選之子」未必一定代表耶穌，在西方的宗教體系裏描述了很多「先知」，如挪亞、摩西等，他們都是「天選之子」和某程度上擁有一些超能力（如分開紅海）。

看到這裏，大家可能已經明白，流行文化中所謂的「超人」，實際上是世俗版本中「神」的概念，或者可以說超級英雄雖然是人或外星人，但他們擁有與「神」相似的能力。美國漫畫已經將不少傳說中的「神」直接變成超級英雄，如《雷神》（Thor）。在不同的文化中，我們會根據各自的認知，發展出不同形式屬於我們文化的「超人」。

或許你會問，我們文化中有沒有「超人」？有的話又是什麼樣子呢？可以肯定的說，我們的文化是有「超人」的，而大家對他們亦耳熟能詳，不少人還當他們是偶像。在中國文化的宗教信仰如道教和佛教裏，人只要「得道」就可以修練成仙或成佛的。在這樣的文化下所發展出我們的「超人」，就是武俠小說中的主角。這些角色通過得到「武林秘笈」，經過苦修，任何凡人都可以擁有超越常人的能力，那些可飛簷走壁的輕功、隔空傷人的氣功、刀槍不入的金剛不壞身等，都是「超人」所掌握的超能力。

從以上的例子可以看出，不同流行文化的「超人」設定是根據自身文化宗教所影響，我們也試過抄襲日本的《咸蛋超人》，1975 年曾經拍過一部由李修賢主演的電影《中國超人》，結果電影出來的效果怪怪的，不成功的主要原

因是作品主題沒有我們自身文化的支撐，出來的作品自然不能令人看得投入得不到觀眾認同。

肌肉男與文青

作為流行文化創作的一部分，不論是漫畫、動畫、電視劇還是電影，主角的形象設定都是非常重要的。他們的樣子、背景等方面都被用來引起觀眾的共鳴和認同。因此，觀察一部流行文化作品中角色的設定，能夠在一定程度上反映出該文化的喜好和價值觀。他們的外貌、性格、背景故事等都是通過創作者的筆觸和想像力來呈現。這些設定不僅可以使角色變得更加立體和生動，還能夠讓觀眾產生共鳴和建立情感上的連結。當觀眾看到一個角色，他們可以從角色的設定中找到共通之處，並在某種程度上代入這個角色的世界。

總的來說，角色形象設定是流行文化作品中的重要組成部分，成功的話可以成為潮流的指標，觀察角色形象設定，可以更好地理解一個文化的特點和特色，同時也能夠從中感受到人們對於不同角色和故事的共鳴和認同。

首先看看美國，美國文化一直都是崇尚武力，美國軍力遍佈全球，立國以來 93% 的時間都與別國發生戰爭（S.Shah, 2020），亦是全球少數可以容許任何市民（包括未成年人）無需牌照就可以擁有槍械的國家。以他們最具代表性的元祖級超級英雄「超人」為例，他在地球上被視

為無敵的存在，地球上的普通人根本無法擊敗他，要戰勝他只能依靠外星人（如毀滅日 Doomsday）或外星特殊物品（如氪氣石 Kryptonite）。正因為「超人」無敵，所以他可以成為美國超級英雄的代表。

從七十年代開始，肌肉男性形象被引入流行文化，之後大部分的超級英雄都被描繪成擁有超級發達肌肉如健美運動員的形象，例如漫畫《野蠻人柯南》（Conan the Barbarian、蠻王柯南）以及改編成電影的《王者之劍》（Conan the Barbarian）中阿諾舒華辛力飾演的角色。當然，最著名的肌肉型超級英雄無疑是《變形俠醫》（The Incredible Hulk、無敵浩克），他是一個科學家布魯斯班納（Bruce Banner）在實驗意外中受到伽瑪射線的影響後，每當激動或憤怒時就會變身成為強大且具有無窮力量的綠色巨人。

值得一提的是，這種肌肉男性形象的超級英雄也反映了美國社會對男性的理想化塑造。在美國文化中，強壯的肌肉被視為男性力量和英雄氣概的象徵，這種觀念在超級英雄形象中得到了體現。超級英雄所展現的肌肉力量，象徵著他們的勇氣和具備戰勝邪惡的能力。

那麼日本方面呢？除了年齡太小的超級英雄之外，如《小飛俠阿童木》（Astro Boy、Mighty Atom、鐵臂阿童木、原子小金剛），大部分長大了的故事主角都是身材一般。在日本的超級英雄文化中，有一個獨特的特點，是

將超級英雄塑造成沒有肌肉、體格一般、外貌普通，縱使他有強大的力量，如《BLEACH》的男主角黑崎一護。他們就是一個毫不起眼的普通人，單看外表絕不會如美式超級英雄一樣令人生畏，有些例子甚至在得到超能力前主角是個十分弱勢、被人欺負的人，如《東京喰種》(Tokyo Ghoul) 的男主角金木研。更甚者將主角設定成一個不懂社交、表面一無是處，被社會忽略了的角色，如《一拳超人》（One Punch Man）的男主角埼玉。

弱化男主角可能是為了獲得大眾的認同及同情，以增加代入感。畢竟並非每個人都會將自己訓練得一身肌肉去代入超級英雄。日本文化中確實沒有像美國文化那樣崇拜肌肉，但說日本文化中的強者不是滿身肌肉的說法似乎不太準確，因為主角的強大敵人通常都是肌肉爆棚的，好像越多肌肉越邪惡一樣，例如《幽遊白書》(YuYu Hakusho) 中的反派戶愚呂弟。可以看出當代日本崇尚一般人可以成為英雄，而不是像美國一樣等待有能力的人來拯救。

其實這種弱化的男性形象在日本一直存在。日本從江戶時代（1603-1868）開始，由於社會結構轉變，除了宣揚勇武強者的男性形象外，他們的流行文化中，如「浮世繪」版畫，已經加入了不少女性化的男性元素。男女的圖像身材被描繪得十分相似，往往需要透過髮型和服裝來區分男女。在當時的日本，由於社會普遍接受男同性戀行為，因此柔弱的男性形象被視為同樣值得欣賞的。（S. Cantor, 2019）

是否亞洲的文化都崇尚像文青般的超級英雄呢？這一點我不太認同。看看華人社會至今最大的文化符號是誰？無疑是李小龍。李小龍以他獨特的肌肉線條而聞名，許多外國人都羨慕他的身體比例。他的形象展現出優秀的武術功夫，受到全世界觀眾的喜愛。

在中國文化中，超級英雄的形象也常常是擁有強大武功的肌肉男性。儘管這些英雄角色通常穿着厚厚的衣服，並不刻意炫耀身材，但他們的身體力量和武術技能為他們贏得了廣泛的喜愛和崇拜。不論是電影中的葉問、小說中的喬峰，甚至是歷史人物岳飛和關公，都是受到華人社會歡迎和推崇的人物。

總而言之，中國文化中的超級英雄形象確實有一定的肌肉男性傾向，並且與美國文化存在一定的共通之處。在這方面似乎與日本文化有一定的差異。

獨行俠與團隊

日本文化裏面最大的特徵之一就是集團主義，組織團隊和團隊精神對日本人來說是十分重要的。在影視漫畫作品裏，很多超級英雄也是一隊一隊的，看《超級戰隊》（Power Rangers、金剛戰士）系列、《鬼滅之刃》（Demon Slayer）也是一隊以至一個組織運作的，甚至每出現一位新的《咸蛋超人》，人類就會自動組成一隊全新的地球保衛隊給他敲鑼打鼓作支援。

　　日本的超級英雄很少有獨自一個人的，就算在故事開始是一個人，總會有辦法找到志同道合、有共同敵人或目標的朋友一起作戰，如《聖鬥士星矢》（Saint Seiya: Knights of the Zodiac）、《幽遊白書》等。這當然與我們東方文化裏家庭社會觀念有關，我們的社會以家庭作為基礎，某程度上日本文化將家庭廣義化成組織團體，因此日本人的民族社會認同觀念在亞洲文化之中是比較強的。

　　日本的文化集團主義可以在吃飯的習慣裏體現到，其他亞洲文化餐廳裏的擺設是一桌一桌的，由四、五人到十來人一桌都有，目的是給予一個家庭或一班朋友坐在一起吃飯。但日本的餐廳如迴轉壽司、麵店等的擺設就十分特別，當客人進入餐廳後，無論大家認識與否，都在同一張很長的桌子上進餐，這有點像西式酒吧的情況，酒吧也是客人在同一張吧桌上飲酒，意思是促進不認識的朋友客人之間的認同感而促進他們交談。日本餐廳桌子的目的雖然不是鼓勵互不認識食客之間對話，但是有促進身分文化認同感的用途，客人坐下吃壽司就是在理念上與同一桌上其他客人一起分享同一文化，其實是反映出日本文化裏獨特的社會／集團認同觀念。

　　相反，西方尤其是英美文化的家庭社會觀念就相對十分薄弱，他們大多是成年後就離開家庭自立，不像亞洲很多父母都期望子女成年甚至結婚後住在一起生活，英美的父母很多時會要求子女成年後搬離，外出建立自己的人生。甚至不少父母從孩子年幼的時候就已經希望子女離開家庭，

例如將子女送到寄宿學校讀書，令父母自己可以更早得到自由。

所以，在這文化底下，美國的超級英雄就大多數是單獨一人、只對自己負責和沒有羈絆的獨立個體，如《超人》。也有因為年紀輕要和家人同住，如《蜘蛛俠》（Spider-Man），這樣的話也只能瞞着家人，獨自承擔做超級英雄的負擔，秘密地出外打壞人。

順帶一提，西方獨行俠的概念原本是由日本引入，六十年代日本導演黑澤明拍了一系列十分受歡迎的浪人題材的電影如《用心棒》（Yojimbo），而意大利導演賽吉歐李奧尼（Sergio Leone）被黑澤明作品啟發，拍成西部版《獨行俠連環奪命槍》（A Fistful of Dollars、荒野大鏢客），主角奇連依士活（Clint Eastwood）扮演的獨行俠角色大受歡迎，因而確定獨行俠在西方文化的地位。不同的是，美版獨行俠是一個從天而降，沒有過去未來伸張正義的救世者。而日式浪人則是有其歷史背景，一個被排除在社會制度之外的無主武士。在美日不同文化所影響下，同樣是孤獨的主角，美版獨行俠的英雄感和日版浪人的悲劇感成為明顯的對比。

當然，美國的超級英雄之中亦有團隊的，如《神奇四俠》（Fantastic Four）和《X戰警》（X-Men），「蝙蝠俠」也有羅賓，但這類組合式的超級英雄隊伍相對屬於少數，美式超級英雄的主流仍然是獨行俠模式。

　　有趣的是當超級英雄遇上超級強敵時，美日超級英雄的解決方法就相反對換。一改日本的團隊精神，日本超級英雄在遇到打不過的強敵時，他們會挺身而出視死如歸地與敵人拼過，他們會從戰鬥中提升自己的能力，如《龍珠》（Dragon Ball）中角色可以從戰鬥中變成更強大的超級撒亞人。這獨力戰鬥自我提升能力的模式是武士道精神，同時也表現出作為集團的一分子，當出現問題時，個體有義務犧牲自己出來單獨為集團背鍋的社會壓力。

　　那麼，當美國的超級英雄遇上超級強敵時，又會怎樣解決？不同於日本超級英雄，美國超級英雄不會提升自己的能力，「超人」打不過外星人時不會鍛練自己成為「超級超人」，美式超級英雄在打不過的時候會組織聯盟，《復仇者聯盟》（Avengers）和《正義聯盟》（Justice League）是其中最著名的。在平時，各超級英雄互不相干，只有遇見太強大的對手，為免輸了淪為奴隸，只好聯盟退敵，贏了之後再各散東西，又再互不相干。這種一人打不過就來群毆的方式，對東方文化來說是不講武德，但西方文化最重要的不是過程（手段）而是結果，在贏者全拿個人利益掛帥的資本主義前題下，講不講武德已經不是考慮的問題。

　　總結一下，美式超級英雄是獨來獨往的救世者，而日式超級英雄卻是一個又一個的組織。但是遇到強敵時，美式超級英雄卻突然來聯盟玩群毆。日式超級英雄反而一對一正面對決。這些反差只有在比較兩種文化時才能看得清楚一點，日本文化注重社會認同，對日本人來說，被集團

認同是重要的，但有強敵時個人應該發揮對組織的「忠」，挺身而出承擔挑戰，以免連累組織。美國文化則是奉行着重個人現實的資本主義，各超級英雄之間互不干涉，但有強敵時抱着「敵人的敵人是朋友」的邏輯結盟，所以他們結盟的意義只是各取所需而已。

有伴侶與單身

不知道大家有沒有想過，在美式超級英雄與日式超級英雄之間，其中一樣的不同是他們的感情生活。縱使是超級英雄的身份，無論是外星人、變種人、甚至機械人，美式超級英雄通常都有戀愛對象，「鐵甲奇俠」(Iron Man、鋼鐵人)有「小辣椒」(Pepper Potts)、「蝙蝠俠」有貓女、連外星人「超人」也有露易絲萊恩(Lois Lane)這個女朋友，有些超級英雄更有一位以上的女友，如「蜘蛛俠」有瑪麗珍鞋(Mary Jane)和關史黛西(Gwen Stacy)。美式超級英雄總是有美相伴，雖然他們大都是獨行俠，行事獨來獨往，但在感情生活上絕不寂寞，有時更加頗為豐富。

為什麼美式超級英雄都有女朋友？要解答這個問題，首先要了解西方文化最重視的人際間感情是什麼？千百年來西方文化裏，文學、戲劇和音樂被歌頌得最多最獲得推崇的就是愛情，以轟烈的愛情來作為主題的作品可謂恆河沙數。最佳例子就是已經成為愛情的文化符號莎士比亞名劇《羅密歐與茱麗葉》(Romeo and Juliet)，就算兒童故事《白雪公主》(Snow White)和《睡公主》(Sleeping

Beauty）內的公主，都要找到王子的「真愛」才能吻醒公主，然後才能與王子在城堡內「永遠快樂地生活下去」。

　　西方文化一向着重個人主義，認為家庭只是培養下一代的地方，長大後就需要脫離家庭獨立，很多西方父母會要求已成年的子女搬走，讓他們真正獨立。而愛情正是兩個獨立個體的結合，是組織家庭的基礎，有家庭就可以培育下一代，所以西方文化推崇愛情是社會的一個重要元素。作為一個超級英雄，當然要有愛情這麼重要的感情，令他成為可以被社會認同，成為真正對社會作出貢獻的人。

　　看到這裏大家會問，那麼我們文化裏最被歌頌的感情又是什麼呢？答案是對父母尤其是對母親的「孝」。受儒家思想影響，我們常常聽到「百行以孝為先」，著名歷史故事「孟母三遷」等都是歌頌母子間的感情。大家或許又問，我們也有很多動人的愛情故事，在我們的文學、戲劇和音樂作品裏也有關於愛情的題材，《神鵰俠侶》裏的楊過與小龍女矢志不渝的愛情，《梁祝》和《帝女花》的生死戀亦都深入人心，但是這些故事只是在民間流傳，被人津津樂道而已。我們的文化歌頌的是「孝」的行為，受到「孝」的限制，《梁祝》最多只可以在死後「化蝶」來實行自由戀愛，但「孝」卻可以「感動天」，例如《寶蓮燈》裏就有「劈山救母」超級英雄式的情節，可見我們將對母親「孝」的地位遠遠放在對伴侶的「愛」之上。

　　再看看日本，日式超級英雄就沒有這麼豐富的愛情運，

無論他身後有多大的團隊支持，超級英雄大都是單身的。無錯他們很多都有女助手，而女助手通常也似是暗戀着超級英雄主角，但他們大都沒有確立情人的關係，只是曖昧地維持朋友關係。常常陪伴左右的女助手大多是暗戀着她的英雄或者是被英雄呵護着小妹妹，例如《浪客劍心》（Rurouni Kenshin、神劍闖江湖）裏神谷薰對劍心的妹妹式暗戀崇拜，或《城市獵人》(City Hunter) 裏槇村香對冴羽獠（孟波）既放任又管教姐姐式的曖昧。日式超級英雄的感情生活始終是柏拉圖式單純追求心靈溝通的精神戀愛，實質感情世界裏永遠維持一片空白。那日式超級英雄都是單身又是什麼的「文化隱喻」？

這種設定與日本文化一直以來男尊女卑的社會文化有關，以全球性別平等作為指標的「世界經濟論壇」（WEF）《2023 年全球性別差距報告》（Global Gender Gap Report 2023）中發表，在全球一百四十六個國家中，日本排名一百二十五，在東亞和太平洋地區排名最後（南韓排名一百零五、中國一百零七），可見日本女性的社會地位之低。到現在不少女性在婚後丈夫都不希望她外出工作，她們只能在家作為全職家庭主婦。傳統日本家庭裏女性的角色（至少在男性眼中），是一個仰慕崇拜丈夫的小妹妹（神谷薰）和負責管教全家男性的媽媽（槇村香）。至於男性，就如武士一般每天出外打拚，在家人面前不隨便顯示軟弱的一面，保持着武士般的「男性尊嚴」。

那麼，日本文化最備受推崇的感情是什麼呢？依我看來是「忠」。日本職場文化仍然有很多終生聘用制，有如

從前的武士制度，一生為一個主公盡心盡力。假如武士的主公被殺或武士因犯錯被撤職的話，武士就不再擁有武士的身分地位，而被人稱為「浪人」。武士變成浪人後會失去收入，家庭的社會地位亦一落千丈。在實際的環境下，「忠」不僅是被推崇的道德標準，也是一直以來日本人在社會上賴以生存的人際關係。看看《忠臣藏》的故事被改編成無數的小說、漫畫、動畫、電視劇及電影仍然大受歡迎，《忠臣藏》講述的是 1702 年 47 名浪人為了替主公復仇，潛伏民間多年，最後殺掉仇人後集體切腹的歷史故事。日本文化一直推崇 47 名浪人的「忠」勇故事，荷里活也以此題材拍攝成了由奇洛李維斯主演的 2013 年電影《浪魂47》（47 Ronin、四十七浪人）。

至於我們，我們對「忠」是有不同的看法。我們常說「良禽擇木而棲」，本身就是不太忠心的意思，《三國演義》裏各人經常「另投明主」的轉工技巧已經成為不少現代人「職場藝術」的模範。跟日本不同，我們在道德上認同「忠」的同時，會更加推崇「義」。不少故事的主角，在「忠義兩難全」的情況下，最後會都選擇「捨身取義」、「大義滅親」等。如《天龍八部》小說裏的喬峰因為轉投契丹後（算不上「忠」），因為戰爭會傷害宋人，在「忠義兩難全」下只有自殺以謝天下。在小說裏，大家仍以他的「義」而尊他為英雄。由此可見，「忠」在我們文化裏，佔據的道德位置遠低於「義」。

總結這部分，因為不同文化對社會人際間各種感情的影響有所不同，直接影響到它們創作出來的超級英雄設定。

美式超級英雄常常有美相伴，感情生活多姿多彩，日式超級英雄卻注定沒有戀愛對象，因為戀愛並不是日本傳統文化推崇的的人際間情感。這種思維邏輯，是經過千百年的文化歷史積累而成，看來日本超級英雄要脫單，似乎還要等一段頗長的時間。

成年與未成年

美日超級英雄之間有一個很大的分別，就是超級英雄們的年齡。當大家比較一下美日超級英雄的平均年齡，就會發現雙方差距很大。美式超級英雄的年紀一般比較大，平均年齡我看大概三十至四十來歲左右，成熟一點的如「鐵甲奇俠」（Iron Man）在電影裏就看似四十多歲，原著小說裏的《007》占士邦（James Bond）更是五十來歲。不少電影、漫畫、動漫作品都有推出老年版的故事，如電影《盧根》（Logan、金剛狼3：殊死一戰）的主角就是老年狼人（Wolverine）。但再看看日式超級英雄的年紀，就會發現他們相對年輕得多，以我看來，至少有一半以上日式超級英雄年紀是未成年，其他成年超級英雄年齡也不過是二十多歲的年輕人。

美式超級英雄基本上大都是成人，不計那些前傳、外傳或衍生的故事。大部分超級英雄在故事開始時已經是在社會上頗有成就的人，「蝙蝠俠」、「鐵甲奇俠」是成功商人，「變形俠醫」是科學家，「奇異博士」（Doctor Strange）是醫生，所以他們的年齡亦不會太小。當然，

在美國流行文化裏面也有未成年的角色，如《少年悍將》（Teen Titans），但那些都是比較新的外傳故，在最出名的超級英雄中，只有「蜘蛛俠」是未成年的學生。

從此看來，在美國要成為一個超級英雄，似乎是要有些社會成就，能夠用錢買高科技武器如「蝙蝠俠」、「鐵甲奇俠」，或能自由進出高科技實驗室，才能如，「變形俠醫」般發生意外。如果沒有社會成就的話，除了天生異稟或直接是外星人或神之外，如「超人」、「雷神」、「神奇女俠」（Wonder Woman、神力女超人），要成為超級英雄，就必需要參加又危險又痛苦的人體改造實驗（無論自願或被迫），如「美國隊長」（Captain America）、《X戰警》裏的狼人。

當然，從一個說故事的合理性角度來看，超級英雄應該是成熟隱重一點，畢竟他們擁有強大的能力，太年輕可能會難於駕馭超能力、行為過於衝動，而令無辜的人和社會受到傷害。所以「蜘蛛俠」會叫自己做「友善的鄰居」去突顯因為自己年輕，他只會用超能力作社區的貢獻而已，不需要擔心他的超能力會傷害人。

美式超級英雄的年齡設定在說故事的層面出發，從合理的方向令觀眾認識而認同主角，縱使他們擁有的超能力是不實際，但他們的環境和設定都比較現實化，令觀眾容易代入。往深一層去想，在美國要做超級英雄，是需要是「富二代」（上一代也有超能力／上一代有錢）或是社會菁英。

都不是的話就要去當試驗品才有機會成為超級英雄，某程度上，這也從側面描繪出美式資本主義的現實，沒有祖蔭又不願賭上自己的命的話，就沒法做超級英雄。

至於日式超級英雄，他們的年紀就小得多，由早期的《鐵人 28 號》（Tetsujin 28-go）到近年的《約定的夢幻島》(The Promised Neverland)，主角都是十歲左右的小孩，《鬼滅之刃》的竈門炭治郎也只有十五歲而已。再細看一下，日本流行作品連機械人也是小孩的模樣，看《小飛俠阿童木》、《IQ博士》（Dr. Slump）、《銃夢》（Battle Angel Alita）的例子數之不盡。日式超級英雄的年齡有一大半都是未成年的年輕人或者是兒童，究竟創作這些角色的背後，有些什麼深層的意義？

有人說主角的年齡代表該作品的觀眾群年齡，因為在日本看漫畫動畫的都是年輕人，所以主角設定要接近他們才能取得認同。我對這個說法極不認同，有些以兒童為主角的作品就極之不適宜兒童觀看，試想要十歲以下的兒童看如《約定的夢幻島》甚至《來自深淵》(Made in Abyss)這些作品（它們的主角都是幾歲的小童），少則令他們發惡夢，大則影響心智發展。美國的流行作品也不會只局限於三四十歲的男性觀眾，所以我認為主角的年齡並單單不代表目標觀眾的年齡。

日本文化十分喜歡「青春」和「熱血」的故事，因為年輕人處事比較衝動和不顧後果，加上他們沒有家庭社會

的束縛，所以「熱血」故事通常是發生在年輕人身上。因為長期被社會壓抑，日本「支薪族」很多都響往可以任性做些不負責任行為的生活，日本的終身聘用制令「支薪族」終生每天要面對同一個社群，加上日本社會文化對個體的壓抑，令日本成年人希望代入年輕的故事主角中，回復青春和做一些平時不能或不敢做的事，《殭屍 100：在成為殭屍前要做的 100 件事》(Zom 100: Bucket List of the Dead) 就將這情意結刻畫得十分清楚。

至於兒童，在任何文化裏，兒童都代表希望和社會的未來。以兒童作為英雄給人一個印象，是可以將社會未來交給有承擔的下一代，他們會保護我們所建立的社會財富資源。當然，兒童英雄也可以是自己的投入，幻想自己是年紀小小的超級英雄的同時，也可以幻想自己的下一代是拯救世界的英雄。另外，在某程度上，兒童英雄在成人眼中，可以是退休保障的「文化隱喻」，尤其是六七十年代就出現不少作品的故事是父親或爺爺製造了一個機械人給年輕的主角控制去保護地球，如《鐵人 28 號》和《鐵甲萬能俠》（ Mazinger Z.、魔神 Z ）。

總括來說，美式超級英雄故事是以現實主義為基本的說故事手法，所以它所創造的超級英雄設定於比較合理的年齡。相反日本的超級英雄故事是以主觀感情投射為主，它的主角年齡設定在故事上是不符合現實和不合理的。兩種超級英雄年齡設定都反映了該文化給予人們的社會期望與壓力，各文化亦根據自己的社會情況，在它們的流行文化

中，塑造出了屬於自己的「文化隱喻」。

穿絲襪內褲與全裸

當超級英雄變身後，外型自然不是一個普通人的樣子，否則大家怎會認得到他是超級英雄呢？美日超級英雄在變身完成後的外貌與其本人有很大的不同，大家有沒有注意到美日英雄在變身後衣着上的區別呢？先從美式超級英雄講起。

眾所皆知，美式超級英雄基本上以內褲穿在外面和披肩為主流。許多人都會想知道為什麼超級英雄要把內褲穿在外面呢？披肩又有什麼用途呢？這要從早期超級英雄造型設計所受到的影響講起。實際上，超級英雄這種服裝概念來自於馬戲團中的大力士表演者。當時的大力士赤膊上身，只穿短褲，主要是為了突顯他們的肌肉、超越常人的男子氣概、勇武力量和耐力形象。而披肩的目的則是為了更加吸引人們的注意力。這就是「超人」的原型。當時的馬戲團也會使用色彩鮮豔的布料來吸引觀眾，所以藍色、紅色、黃色、綠色的超級英雄比比皆是，這設計亦反映在超級英雄身上。

到了六十年代，許多超級英雄開始放棄穿內褲，改為全身絲襪，例如「蜘蛛俠」。這當然是流行趨勢和衣料技術進步的關係。然而，六十年代也是性解放和同性戀權益開始受到重視的轉折點，這種社會趨勢也反映在超級英雄服

裝設計上，許多設計變得不那麼剛硬男性化，大多數都是一件式的，像是絲襪連身衣，強調主角誇張的男性或女性身材線條。

至於日式超級英雄的衣着就往另一方向走，甚至有點奇怪。客觀地看，像是「咸蛋超人」、「蒙面超人」等超級英雄的服裝實際上不應該被視為衣物，因為它們是不能脫下來的。雖然「蒙面超人」的頭盔可以脫下，頸巾可以更換（因為有不同的顏色），但其他衣物似乎無法脫下，它們的「服裝」看起來更像是變身後的「皮膚」。在《新·蒙面超人》這部作品中，導演庵野秀明為「蒙面超人1號」穿上了大褸，證明「蒙面超人」的服裝與衣物是不同的。我得出「蒙面超人」的「服裝」實際上是「皮膚」的結論，因為找不到更合理的解釋。如果這個理論成立，那是否意味着「咸蛋超人」和「蒙面超人」等超級英雄都是赤裸着身體與怪獸戰鬥的呢？這是否我自己想得太多了呢？見到怪獸來立即脫光衣服變身打架是否有點重口味？真的話又是隱喻着什麼？還是我完全想錯了方向？

但是當看到《淚眼煞星》（Crying Freeman、哭泣殺神）每次戰鬥時都要脫光衣服，《進擊的巨人》（Attack on Titan）變身後每個巨人也沒有穿着衣服，《一拳超人》埼玉在訓練自己成為超人時，也每天脫光衣服跑步十公里時，又覺得未必是巧合，這是日本的傳統文化嗎？大家可以看到相撲手比賽時也近乎全裸，有過千年歷史的節日「裸祭」更是成千上萬人赤條條的興祝（現代版本大部分人都

會穿檔布），加上在溫泉男女共浴也是日本文化，超級英雄裸體戰鬥是有其可能性的。日本現在比較保守的文化主要是在 1930 年代之後才形成，之前一直以來日本都是在男女關係上相對於中國是一個十分開放的社會，裸體在日本文化裏根本就不算是禁忌，反而可能有一種儀式感。

理解了日本歷史文化後覺得「裸體戰鬥」不算難以接受，只是文化禁忌的差異令人覺得奇怪而已。但另一個問題就更加奇怪了，那就是當超級英雄變身後，都變成了無性別的超人，覺得我想法奇怪的人可以看看，當「咸蛋超人」和「進擊的巨人」變身後，他們的下體是什麼都沒有，「咸蛋超人」還有紅色圖案，「進擊的巨人」卻是赤條條，明明就是一個男巨人（因為故事中有女巨人），但身體的下面卻什麼都沒有，小朋友也會知道，那明顯是少了一組器官！美式超級英雄如「變形俠醫」變大了還有褲子遮蓋「重要部分」，日式超級英雄是沒有了，根本不存在。如果大家不信變身後沒有性別理論的話，可以查證一下「蒙面超人 1 號」的透示圖，其中也列出，被改造之後的「蒙面超人 1 號」是被移走了性器官，難怪沒有女朋友。

那為什麼日式超級英雄明明是男生，變身後卻沒有性別？但體形聲音仍是男性的。從最合邏輯的角度推想，那是設計上的問題，「咸蛋超人」會由普通人大小（身高一米七八左右），變成四十米高的「光之巨人」，如果要穿褲子，那末變身前要整天帶着一條超巨型的褲子也挺攪笑的。況且「蒙面超人」也沒有變身前後的衣服尺碼問題，

為什麼不穿條褲子？在服裝上最離奇的可算是《電腦奇俠》（Android Kikaider、機械人超金剛），變身後可以連一枝木結他也妥妥收好，打完怪人後又彈着結他離開，我個人從未聽過有人質疑變身後那支結他怎樣處理？大家可能覺得我的想法太多餘，那有人會理會「咸蛋超人」穿不穿褲子和「電腦奇俠」的木結他放在那裏？但我可以肯定地說，作為一個製作人，在設計這些超級英雄的形象時，是一定會跟設計師討論這些問題的。

變身後的性別問題，說是顧及電檢尺度問題，也不合理，看看美國《保衛奇俠》（Watchmen、守望者）裏的曼哈頓博士（Doctor Manhattan）也是一個赤條條的巨人，創作人總可以給個理由令他有褲子穿。那為什麼日式超級英雄是沒有性別的問題，既然之前已經談過超級英雄是該國流行文化裏「神」的隱喻，那麼這問題可能又要從美日神話裏面去解構。

在西方神話裏，無論是希臘神話或者聖經故事，「神」的性別是一個重要元素。希臘神話裏的眾神常常和人類生私生子，大力士（Hercules）和殺死滿頭蛇 Medusa 的柏修斯（Perseus）都是半人半神的混血兒，聖經裏天使也和人類生下大量的巨人（Nephilim）。所以在西方神話裏，「神」有性別（大部分是男性）並能與人類女性生下一代是重要的。

這裏可以提一下中國文化裡神與人的關係，與西方文化

相似，天神常常偷下凡間與人類結婚生子。與西方文化不同的是，在中國下凡的多數是仙女，如《牛郎織女》故事，生下的孩子也是凡人一樣，不是巨人或有超能力。

再看看日本神話就比較天馬行空，神道教的最高神天照大神，是日本諸神之父伊邪那岐洗面時左眼生出的女神。天照大神跟也是神的丈夫生下一大堆下一代後演變成為各皇室貴族。客觀地看，日本神話是用來確立天王血統統治日本的合法性，因為天王已經是「神」的後代，所以「神」的性別就不是最重要的元素。

比較一下美日的神話，就可以看到其超級英雄在形象上有這麼大的分別。西方文化底下「神」的性別無論男女都十分重要，它隱喻着人可以透過與神生孩子而接觸到神。在超級英雄漫畫裏，作者極力強化他們作為男性或女性的身材，這除了是純粹美學和性感的考量之外，社會文化對作者也是一個潛意識的影響。至於日本的「神」已經確立了後代，只需要在人類有危難時才出來顯靈拯救世人，所以他們是什麼性別已經不重要，當然日本是一個男性主導的社會，超級英雄基本上是男性是理所當然的，這正正是「畫公仔不需要畫出腸」，不需要給大家認證清楚了。

超级坏人

談到超級英雄，自然要談一下他們的宿敵 - 超級壞人，一隻手掌拍不響，沒有超級壞人的襯托，超級英雄也顯示不出其英雄威武的形象。西方流行文化裏面有一句「A hero is only as good as his villain」，意思是壞人的能力與威脅越大，才能反映出英雄的能力越大。要理解超級英雄，就要明白超級壞人。超級壞人的來歷、他們的本質、作惡的原因和目標、作惡的行為模式都是我會在這一部分會分析探討的議題。

機智的外星人與無腦的怪獸

在美國流行文化中，超級壞人通常可以分為兩大類：人類和外星人。人類超級壞人的代表有《蝙蝠俠》裏的小丑和《星球大戰》系列裏的黑武士 (Darth Vader)，外星人壞人的例子有《強戰世界》(War of the Worlds、世界大戰) 和《復仇者聯盟 3 無限之戰》(Avengers: Infinity War) 中的魁隆 (Thanos、滅霸、薩諾斯) 等。

兩類壞人共同的特點是他們都擁有詳盡的邪惡計劃，要麼統治地球，要麼掠奪地球的資源。他們的邪惡計劃通常都周密而合理，像《復仇者聯盟 3 無限之戰》中的魁隆的計劃。美國流行文化中的壞人很多都非常聰明，其中不少甚至是天才科學家，如「超人」的死敵光頭的萊克斯盧瑟 (Lex Luthor)。壞人雖然十分聰明，但他們的能力都不算

強，越聰明的壞人體能通常不是很強壯，每當壞人的邪惡計劃失敗後，就常常見到超級英雄將壞人當作玩具般捉拿。這展現了美國文化中欣賞武力重於智慧的特點，無論你多麼聰明，如果不具備強大的武力，就只能成為壞人，英雄則屬於勇武的肌肉男，有肌肉但無智慧仍然可以成為超級英雄。作為一個英雄，聰明與否並不是重要選項，就像「變形俠醫」變身後的無差別破壞也能成為英雄，但作為壞人，不聰明就只能成為壞人中三四流打手般的角色。

順帶一提，崇尚武力的文化特點和我們文化非常相似。雖然我們不像美國文化一樣將一些聰明人妖魔化，但我們亦只會認同並欽佩他們的智慧，不會崇拜聰明人，我們崇拜的英雄也是勇武的戰士。《三國演義》就是最好的例子，我們會讚歎諸葛亮的聰明才智，火燒連環船的故事家喻戶曉，但真正被供奉封神的只有「戰神」關羽。

近年的超級英雄電影喜歡以巨型光束，如《自殺突擊隊》（Suicide Squad、自殺小隊），和跟故事中的超級英雄有一樣超能力又有邪惡計劃的壞人作為終極對手，如《鐵甲奇俠1》(Iron Man 1) 的壞人鐵霸王 (Iron Monger)、《蟻俠1》(Antman 1、蟻人 1) 裏的黃衫俠 (Yellowjacket) 等。這些都是簡化故事，令聽不懂英語的外國觀眾可以更容易投入，是配合美國娛樂產業全球化的趨勢。近十多二十年來，因為美國國內的電影票房已經飽和，單靠美國票房收入已經不能承擔動輒以十億美元計算的電影製作費，荷里活近年的製作需要全球票房支撐，所

以電影的內容需要簡單和去政治化，從前在荷里活電影裏常見的美國旗飄揚，以俄羅斯、中東或中國人作為壞人的電影已經越來越少。以外星人和巨型光束作為故事中的壞人不會開罪任何國家，能夠在更多的國家上映是荷里活近年必要考慮的元素。

再來看看日本流行文化，他們的壞人也主要分為兩大類：邪惡組織和怪獸（日式外星人基本上是有怪獸樣子的邪惡組織）。先談邪惡組織，邪惡組織基本上也有邪惡計劃，也是統治地球，但目標卻沒有美式壞人那麼清晰，而且邪惡組織裏的人並不怎麼聰明。從《蒙面超人》的撒旦幫（SHOCKER）以至《小雙俠》(Yatterman) 的杜倫布賊黨，他們每一個計劃都失敗，但下一次又重複犯同樣的錯誤，推出一款全新的怪人或機械人來與主角對決。有時候，邪惡組織確實讓超級英雄感到困擾，但相比起美式壞人通常擁有一個終極邪惡計劃，最終被打敗要坐牢或被毀滅，日式邪惡組織的計劃比較鬆散，失敗後沒有太多後果，過幾天又可以再來一次。

從九十年代開始，日本的流行文化也越來越簡單，邪惡組織的邪惡計劃也只通過擂台決鬥來解決，整個故事就是各種角色輪流上場決戰，打到最後贏了就完，如《龍珠》（Dragon Ball）。因為擂台比武不需要文化認同，將故事簡單純武打化有助日本流行文化能夠在九十年代開始衝出亞洲，被世界欣賞。

邪惡組織已經夠差勁，那怪獸就更加無腦了，牠們大部分從地底爬出來後只懂往前行，破壞所有地路過的東西。究竟牠們想要什麼？有什麼目的？似乎無人知道。說邪惡吧，牠們大多數也不吃人什麼的，只是純粹路過造成破壞而已，就被冠以惡名，需要被消滅，實在可悲。

當然，怪獸是二戰原子彈的隱喻已經是老生常談，但其實有一個更深層的「文化隱喻」。日本本土一直以來就處於多天災的地區，火山爆發、地震、海嘯常有發生，加上戰禍連連，日本人一直都感受到生命的無常，日本選了櫻花作為國花也是因為櫻花美麗卻轉瞬即逝的特徵，日本文化亦以櫻花代表了武士短暫而多彩的人生，櫻花正是日本文化對短暫無常生命的隱喻。既然「咸蛋超人」是「神」的化身，那牠的天敵怪獸就應該是天災橫禍的隱喻吧，畢竟我們傳統到神明前祈福都希望風調雨順。天災是沒有計劃的，破壞要來就來，不需要用腦，所以怪獸也不需要有腦，破壞力夠強就稱職了。

總結一下，美國的超級壞人是聰明的人或外星人，他們基本上是跟我們差不多的生物，優勝的地方是比我們聰明而已。但日本的超級壞人，除了不怎麼聰明的邪惡組織之外，就是怪獸，怪獸基本上是無法預估牠幾時出現和在那裏出現，不能與牠們理論溝通的巨大災難，如《新世紀福音戰士》(Neon Genesis Evangelion) 裏的「使徒」。比較下來，從「文化隱喻」的角度來看，就會發現日本最大的敵人是天災，而美國最大的敵人就是比自己聰明的人。

外敵與內鬥

上面談過，美國流行文化裏的兩大類壞人是人類和外星人，他們十分聰明和擁有比我們先進的武器科技，究竟這兩類壞人代表什麼？

先看人類，在很多影視作品裏，他們大多是十分優秀的天才或者近乎天才，但因某些原因，被上級高層出賣，在進行任務／實驗中發生意外受重傷或導致家人被害，令他發展出憤世嫉俗的態度，因而遷怒於整個制度。為了報復陷害他的制度，他不惜出賣自己的國家，他的邪惡復仇計劃通常是要毀滅世界一大部分人口，更重要的是催毀整個制度，從而控制地球或實行無政府狀態。這類變節賣國者的設定我想大家在美式影視作品裏見過不少，如《職業特工隊》(Mission Impossible、碟中諜、不可能的任務) 系列、《占士邦》(007) 系列裏的壞人等。另外一種則是純粹想統治地球的壞人，但這類壞人近二三十年已經不常見，因為七八十年代正值冷戰，這類壞人是直接比喻當時的蘇聯。自蘇聯解體後，美國已經成為全球唯我獨尊的國家，除了美國之外，已經沒有其他人有能力統治地球，所以這類壞人已經失去其代表性而逐漸消失於影視作品之中。

蘇聯解體令美國失去敵人之後，在傳統二元對立的美國和西方文化極需要尋找另一敵人，西方文化從宗教到哲學都需要用對立面或敵人來定義自己，如魔鬼與神、黑暗與光明、邪惡與正義等，沒有敵人很難找到自己存在的價值。

但當時外界的敵人已經被打敗，在無論如何也要找到敵人的情況下，九十年代開始流行的陰謀論正正是將敵人轉向內部。作品如《X檔案》(The X-Files) 經常暗示着，假如一個人太聰明的話，就會發現美國政府一直在欺騙國民，無論是隱瞞外星人消息，以至控制地球的是蜥蜴人之類的秘密。能力高而又知道政府在欺騙國民這個「秘密」的人，自然不會坐以待斃而作出反抗，政府在亦需要防止「秘密」外洩，所以這些「知情者」自然被定性為不是自己人的「壞人」或「賣國者」。

至於外星人，他們大多是從遙遠的星球遠道而來，目的是侵略地球或掠奪地球資源，這些資源都是我們賴以生存的基礎，通常是水資源，也有金、空氣等等。他們的計劃也是毀滅一大部分人口，令那些倖存者成為他們的奴隸（其目的與人類壞人差不多）。外星人的外貌大都與人類大都十分相似，說的也是英語，只是皮膚顏色不同而已，有藍色和綠色等。說到這裏，這個隱喻已經十分明顯，外星人某程度上，外星人正是隱喻不同膚色種族的非白色人種。外星人有藍色、綠色和紫色的皮膚顏色，是因為這些色素在人類的自然膚色中並不存在，所以觀眾不需要代入他們的角度看故事去同情他們。

美國和西方的歷史充斥着與外族的戰爭，從持續千年的與穆斯林爭霸（包括著名的「十字軍東征」），蒙古人征服歐洲，到歐洲人到新大陸與原住民爭奪資源，都讓西方人覺得非我族類，無論在文化習慣還是意識形態上，都是

「其心必異」。

外族很多時候擁有高度智慧的文化（如波斯人），或者強悍無敵的軍隊（如蒙古人），這令當時處於相對弱勢的西方人無法安寧。加上他們發現，當擁有先進武器和強大力量後，所有人（包括他們自己在內），都一定會侵略和殖民其他國家。出於將心比心的想法，他們認定一些擁有高能力高科技文化的外族一定會侵略奴役他們。在《蝙蝠俠對超人：正義曙光》(Batman v Superman: Dawn of Justice、蝙蝠俠大戰超人：正義黎明) 這部電影中，就加入了一段情節，講述「蝙蝠俠」因為「超人」是外星人且擁有強大的超能力，即使「超人」一直在幫助地球人，他也決定要殺死「超人」，以免萬一將來「超人」改變主意危害人類。

那麼，日本流行文化中的壞人又隱喻着什麼呢？上一篇已經談過怪獸是天災或二戰原子彈的隱喻，這裏我們來看看邪惡組織的文化背景。熟悉日本的人都知道，在日本充滿着各種不同類型的組織，其中最著名的就是江戶時代後期，在《浪客劍心》中經常提及的武士組織「新選組」。近代對日本社會社會影響最深且負面的通常是邪教或有極端政治立場的組織，幾乎每隔一兩年就會在新聞中看到這些組織犯下的案件，其中最著名的社會事件是 1994-95 年「奧姆真理教」在松本市內散佈毒氣，導致 8 人死亡 660 人受傷的「松本沙林毒氣事件」。另一個例子是著名作家三島由紀夫在 1970 年組織了民間武裝組織「盾會」，企

圖發動政變失敗後切腹自殺事件。

這些事件令人覺得，某些組織會為社會帶來極其負面的影響。因此，在日本的流行文化作品中，邪惡組織往往被隱喻成為危害社會最大的敵人。另一方面，日本人自己或家庭成員難免會加入不同的組織，他們也覺得某些組織的理念可能只是過於理想化且行為比較激進，並不代表那個組織本身或其理念是邪惡或錯誤的。因此，在流行作品中，有時會出現不同組織因為各自的利益或理念而互相鬥爭，如《甲賀忍法帖》(The Kouga Ninja Scrolls) 或電影《全員惡人》(Outrage) 中充滿不同幫派的鬥爭，沒有那一方比另一方更加正義。

總結來說，日本式超級英雄的宿敵除了天災之外，往往是來自內部的敵人，因為日本在歷史上很少受到外國人的攻擊，無記錯的話僅有三次，第一次是蒙古人在十三世紀曾經試圖攻擊日本本土，這被稱為「元寇」或「蒙古襲來」，但被一陣強烈的颱風擊沉了蒙古的船隊，「神風」的威名到現在仍被日本人津津樂道。另一個外族威脅日本安全的事件是 1853 年的「黑船來航」，當年美國派出四艘船隻進入江戶灣，以武力強迫日本開放對外貿易。而第三次就是二戰時美國投下的兩顆原子彈。相比之下，歐洲由於在歷史上因為陸地與亞洲相通，所以常與外族戰鬥，美式超級英雄的宿敵往往是隱喻比他們優越的外敵或叛國者。這是一個外向和封閉國家所遇到的問題，不同的社會歷史背景造就出美日超級壞人各自的特色和背景。

瘋子與正常人

　　大家有沒有留意到，美式人類超級壞人很多是精神有問題的，他們有些是「瘋狂科學家」，有些是「瘋狂資本家」，有些更直接地被設定為瘋子。《蝙蝠俠》裏面的壞人被打敗後全部都會送到「阿卡漢瘋人院」(Arkham Asylum) 監禁，小丑 (Joker) 著名的笑聲更明顯地暗示 (或明示) 他是一個不折不扣的瘋子，「蜘蛛俠」的宿敵綠魔 (Green Goblin) 是患有精神分裂症的科學家諾曼奧斯本 (Norman Osborn)。之前說過，美國文化是忌妒聰明人的，英語系的西方人平時談話中常用「瘋狂科學家」(Crazy Scientist) 這個詞來形容一些埋首科研的人，認為他們是行為怪異、離經叛道與社會脫節的人，這也許是西方文化抹黑醜化比他們聰明的人的情意結。

　　上面談過，美式超級壞人基本上大都是十分聰明的人，但為什麼聰明人會變成壞人？從美國人角度來看，既然美國文化制度這麼「完美」，外星人如「超人」、「綠燈俠」(Green Lantern、綠光戰警)、「火星獵人」(Martian Manhunter) 等都會為保護這個「完美」的制度而戰，所以任何「正常人」都不會想破壞這個「完美」制度。在這邏輯思維下，想破壞美式制度的人肯定是個瘋子或受到極端身心創傷而不能用正常人思維方式的人。另外，因為超級壞人聰明，在「聰明反被聰明誤」的效應下，他們發瘋成為壞人的機會也十分高。

精神疾病問題近幾十年在亞洲越來越嚴重，但西方社會的精神疾病問題一直是社會問題。東方文化對精神疾病比西方相對有抵抗力的原因是東方文化以家庭作為基礎，當我們遇到壓力或者問題時經常有家人在背後支持，我們很多時不需要獨自面對和承受問題，自然所承受的壓力會相對得到舒緩。但西方社會注重個體，人在成年後大多離開家庭，與父母家人之間的關係亦相對疏離，不少西方家庭一年只會在聖誕節聚會，其他日子都各自生活。在這文化中，當遇到壓力與生活中的問題時，他們很多時就需要獨自面對。正正因為社會家庭的結構和習慣不同，有學者提出，西方人比亞洲人更易出現精神問題（孫隆基，1983），美國也是精神科醫生最多最普及化的國家之一。由此可見，美式流行文化常將壞人設定為瘋子也有它的社會性原因。

之前也談過，日式超級壞人除了怪獸之外，基本上只是屬於不同理念的組織集團，那些所謂邪惡組織是否真的邪惡，就只能從主角組織的利益角度去看。如《浪客劍心》裏的壞人志志雄真實，客觀來看，志志雄真實的「邪惡」計劃只是有與主流不同的政治理念，並以激進的手段進行，雖然他的手段包含不少「陰謀」在內，他的身體亦因為受過嚴重創傷而看起來很「邪惡」，觀眾可以定性他為一個壞人，但是可以肯定的是他並不是一個瘋子，他並沒有喪失理智。在日本流行文化裏面，壞人瘋了的時候通常是最後決戰失敗，萬念俱灰的情況下發瘋，最後放火自焚的情節。

　　美式超級壞人多都是瘋子，但因為社會文化背景的不同，日式超級壞人有奸詐的、窮兇惡極的、愚蠢的、無聊的、糊塗的甚至低能的，但瘋的就十分罕見。

超级英雄的内心世界

任何人都有外在和內在的性格，在超級英雄身上就更加明顯，創作人要塑造一個可信性高性格立體的超級英雄，外在和內在的性格都要兼顧得到。外在的性格可以從他的行為觀察得到，但內在的性格就要從超級英雄的內心世界去了解。超級英雄怎樣定位自己？是什麼驅使超級英雄去戰鬥？他們的「道德底線」又在哪裏？了解他們的內心世界令我們看到一個更立體的超級英雄，在以下的部分，我們一起窺探一下超級英雄的內心世界。

傳教士與痴漢

可以做超級英雄，自然是站在「道德高地」之上，那「道德高地」的定義是什麼？在這裏看看美日超級英雄在「道德高地」方面的不同詮釋。

美式超級英雄自覺是「正義」的，組隊也自稱「正義聯盟」，那什麼才是「正義」？推動「正義」又有什麼好處？「正義」雖然是大家常常聽到的名詞，但它的概念其實是一個復雜並且涉及哲學、神學、與法學的話題，它的定義在歷史上不斷被反覆思考和辯論，不同的年代和社會文化因應其特性，對「正義」的定義也不盡相同。

簡單地說，美國的「正義」就是由他們的歷史文化所形

成的意識形態的所謂「普世價值」，其中崇尚個人主義的西方文化最看重的就是「自由」，1995 年有一部贏得多個奧斯卡獎的電影《驚世未了緣》（Braveheart、勇敢的心、梅爾吉勃遜之英雄本色），主角被極權處死時大叫一聲「自由」，感動了無數觀眾之餘，亦說出了美式「正義」的重點。

被西方宗教影響，美式超級英雄無論在推廣「普世價值」時或者在行為上和西方傳教士相似，他們在「道德」上是守規矩的，例如「超人」就道貌岸然的一副模樣，「蝙蝠俠」也沈默寡言，縱使一些「反英雄」如「死侍」（Deadpool）、「毒魔」（Venom、毒液、猛毒）和「007占士邦」等，會挑戰社會禁忌，如濫殺無辜、吸毒、濫交等。但他們始終亦會守着一些西方的道德底線，如不會傷害小孩、不會性侵女性等。

雖然說超級英雄是站在「道德高地」之上，但美國文化還是將「正義」遠遠凌駕於「道德」之上，推廣「正義」的「普世價值」才是超級英雄主要工作，在執行「正義」時濫殺無辜對超級英雄來說只是「附帶性破壞」或「附帶損害」，不會造成對「道德」的反思。至於吸毒、濫交等問題更加只是小兒科的反叛行為而已，對西方人來說，大學生活原本就是要反叛和試驗一下不同的人生經驗，好等他們可以找到未來生活的方向，成人後沉迷這些「壞習慣」以致影響家庭才構成「道德」上的問題。

相對來說，沒有美式英雄十分清晰的方向，日本英雄的

「正義」就相對比較模糊，因為壞人的目的也不太過聚焦：有怪獸的無差別破壞、有不太成功的邪惡組織，「保護地球」的定義和範圍也比較廣闊，他們的「道德高地」主要都是行俠仗義、鋤強扶弱這些比較空泛的俠義行為。某程度上，日式英雄是在執行「俠義」而不是推廣「正義」，對他們來說，推廣「正義」就是「俠義」的表現。

因為文化的不同，日本英雄的道德觀念就與美國英雄有很大分別，有些美國文化在「道德」上容許或默許下的禁忌，在日本是不被認同的，相反，有些在美國文化裏認為絕不能接受的行為，在日本卻無人質疑。

首先，日本流行文化中很少有英雄会濫殺無辜的行為，因為這完全不符合東方文化中的俠義精神，濫殺無辜的人不會被認同為俠義。在東方文化中，吸毒、濫交等行為更加是社會禁忌，甚至會被政府立法禁止在流行作品中出現。這當然與東方社會中的政府角色有關，很大程度上，政府扮演着守護傳統「道德」的角色。例如在香港本土製作的電視劇，香港法例要求劇中的角色不能將一支燃點着的香煙放進口中吸，香煙可以用手拿着，可以燃點着，只是不能燃點着放進口中，否則不能通過審查，香港政府立此條例當然是反對推廣吸煙，實在無可厚非，亞洲其他國家亦有自己的法例去保護各自的傳統「道德」觀。

一個議題在美國文化中絕對不容許，但在日本文化中卻沒有引起很大的反響，這就是傷害小孩。小孩因戰鬥受

傷在日本流行文化中有很長的歷史，早期《龍珠》中的悟空就是以小孩的形象出現，常常戰鬥到傷痕累累倒地不起，更恐怖的作品如《約定的夢幻島》甚至《來自深淵》中小孩被吃或受到嚴重傷害的情節，作為成年人看了心裏也不舒服，這兩部作品根本不可能是美國出品，因為社會根本不能接受。

至於性侵女性，日本文化中也有種見怪不怪的習慣，在日本傳統「道德」中認同男人是天生好色的，而女性是男人的從屬，「調戲」一下女性是一件沒什麼大不了的事。這一點從江戶時代已經認為現代所謂的「痴漢」是「高尚」的行為可以看出端倪，那時代的代表性文學作品《好色一代男》十分受歡迎，可見當時社會對好色男性的認同。日本英雄對女性作出一些「輕度性侵」會被視為孩子氣和可愛，被性侵的女性在作品中也只是責怪他們一下就算，沒有放在心上。例如《龍珠》中的龜仙人、《城市獵人》中的冴羽獠（孟波）和《鏈鋸人》（Chainsaw Man）中的淀治，這些角色以好色和「調戲」女性作為其性格的特色，這些作品都十分受到歡迎。但是，從美國文化的「道德」角度看，的確很難想像美式超級英雄如「超人」或「蝙蝠俠」甚至「死侍」，會做出偷看女性裙底或非禮女性的猥褻行為。

可以看出，美日超級英雄在「道德」的解讀上有很多不同，一方面認為是理所當然的東西，另一方面可能是絕對不能接受。在執行「正義」時，雙方要考慮的道德規範也

是不同，美國人為了目標很清楚的「正義」可以濫殺無辜，從這裏可以看到，美式超級英雄那種身負推廣「正義」的傳教士精神，在伸張「正義」的途中遇到任何阻礙，一定遇人殺人，這意識形態千百年來仍然不變。日本在執行定義廣泛的「俠義」的同時，順便「調戲」女性自娛一下是無可厚非的，在嚴厲的父權社會下，孩子是要鍛練而不是要全力保護的對象，這是東方傳統文化裏的俠義精神加上日本獨有的「痴漢」文化和父權社會所形成的。

報復式的正義與被強加的責任

看完「正義」的定義之後，看看超級英雄們維護和平伸張「正義」的動機。之前談過，超級英雄的敵人通常是侵略者、天災或持不同意識形態群組的隱喻。知道誰是敵人之後，究竟是什麼驅使超級英雄去戰鬥？

超級英雄界一句《蜘蛛俠》的名言「能力愈強，責任愈大」(With great power comes great responsibility)，這句名言是否可以來解釋超級英雄們維護正義的動機？說實話，這句名言似乎說得有些含糊，為什麼能力愈強責任就愈大？有點道德綁架的味道，另外責任又是什麼責任？那麼那些很強能力的超級壞人的責任又是什麼？所以「能力愈強，責任愈大」並不能解釋超級英雄維護正義的動機，那麼超級英雄的真正動機又是什麼？

個人覺得主要有三類動機，先說第一類，這類是美日共

通的。就是故事的主角因為十分愛惜他生長的地球，而地球也是他們生存的地方，見到有壞人企圖侵略或破壞時挺身而出，為保護地球之餘也是為自己而戰。撇除不同故事主題元素，其實主角的動機是源自「愛國主義」。有這類動機的超級英雄例如「超人」、「蜘蛛俠」等。因為他們保護的地區大多數都是局限於自己國家境內，所以說他們要保護的是自己的國家（美國、日本）也不為過。美式超級英雄與「愛國主義」聯繫上最好例子是「美國隊長」和「超人」，「美國隊長」有點似是「復仇者聯盟」的象徵，列隊時永遠企在中間，「美國隊長」和「超人」的服裝的顏色正是美國國旗的顏色（藍與紅）組成，「超人」也永遠企在「正義聯盟」的中間。無獨有偶，日本「愛國主義」代表「咸蛋超人」身體的顏色也是日本國旗的顏色（紅與銀，銀色與白色相似）。

第二類動機主要適用於美式超級英雄。這類英雄通常因為自身遭遇極度不公平和悲慘的事件，而發誓要報復並清除所有壞人。我將這種動機稱為「報復式的正義」。例如《蝙蝠俠》和《制裁者》（The Punisher、懲罰者）。眾所周知，「蝙蝠俠」的父母在街頭被殺，激發了他憤世嫉俗的性格，並使他決心消滅葛咸城內的所有罪惡。這些英雄的動機起初都是從自私的角度出發，基本上是一種發洩自己不平衡情緒的報復行為，實際上更像是「反英雄」而不是英雄。

西方文化一直偏好「有缺陷的英雄」，英雄是人，所

以一定是不完美的。這種觀念源於希臘悲劇，並延續到莎士比亞的作品，如《王子復仇記》（Hamlet），都受到廣泛歡迎。美國流行文化深受二戰期間由歐洲移民引入的「黑色電影」的影響。「黑色電影」中的男主角大多是自私貪婪、好色的「反英雄」，結局通常也被女主角所害。經典電影《紅樓金粉》（Sunset Boulevard、日落大道）就是一個最好的例子，年輕編劇為了避債誤闖過氣默片女明星的大宅，女明星想借助編劇之力東山再起，經過一輪雙方的爾虞我詐，結果編劇死於女星之手。「反英雄」的概念深入到美國流行文化中，除了代表美國「愛國主義」的超級英雄如「美國隊長」和「超人」，很大一部分的超級英雄都是「反英雄」。從《蝙蝠俠》到《銀河守護隊》（Guardians of the Galaxy、銀河護衛隊、星際異攻隊），美式超級英雄中的「反英雄」比比皆是。美式「反英雄」伸張正義動機是基於自身的創傷經歷（主要是家庭被毀），這些主角是自願承擔起「超級英雄」這個包袱的。

第三類超級英雄的伸張正義動機則不同，主角在某種程度上被環境所迫走上「超級英雄」的道路。這種動機主要適用於日式超級英雄。我將第三類動機稱為「被強加的責任」。正如我在之前提到的，在日本文化中，許多作品的主角駕駛着父親製造的機械人如《鐵人 28 號》，或者被父親在其不知情的情況下給予特殊能力，如《進擊的巨人》裏艾倫耶格（Eren Yeager）父親將巨人之力傳給他。其中最明顯的例子就是《新世紀福音戰士》，主角碇真嗣被父親強迫駕駛機械人對抗怪獸，而主角戰鬥的目的主要是為了獲得父親的愛，他本人並不願意冒着生命危險，常常在

戰鬥中受到創傷。這些主角基本上沒有選擇，他們只是服從上一代的指令。《新世紀福音戰士》中的隱喻正是日本傳統文化中，父權對於下一代疏離冷漠的教育方式。不得不提的是，《新世紀福音戰士》的創作者庵野秀明對日本文化看得非常深入透徹，他的作品中常常將日本的「文化隱喻」赤裸地呈現。這種必須承擔上一代留下的責任和情感約束，在日本流行文化中表達得非常清楚。除了被父親強迫的英雄，也有被國家／組織強迫的，如《蒙面超人》或《妖精的旋律》（Elfen Lied, 變異體少女）的主角都是被迫成為實驗品，逃走出來反抗組織的超級英雄。

這一類動機的超級英雄在某程度上是沒有正義的理念，他們都是繼承父業的英雄，只是跟隨上一代站隊而已，像《機動戰士》（Mobile Suit Gundam、機動戰士鋼彈）裏的主角，他們為某一軍隊而戰主要是他們生於這國家，並不是自己的選擇。

撇除政治正確，美日都有的「愛國主義」超級英雄外，美日超級英雄各自有自己的伸張正義動機，美國超級英雄是因為社會失效而產生，因社會制度有漏洞產生罪惡腐敗，令主角經歷不幸，而促使主角用以暴制暴的方式復仇。而日本超級英雄就有種身不由己的無奈，他們很多時是被迫背起拯救人類的包袱，像《咸蛋超人》、《寄生獸》（Parasyte）等都是問也不問一句主角願意合作與否，就霸王硬上弓的奪舍上身。被邪惡組織強迫改造（《蒙面超人》），繼承父親的意願等等（《進擊的巨人》），自願和非自願似乎是美日超級英雄在動機上的最大分別。

心理與生理的雙重身分

作為一個超級英雄，少不免會有雙重身份，普通平民和超級英雄。當大家比較美日超級英雄時，就會發現美日超級英雄的雙重身份是十分不同的，反映出兩地社會文化對其人民的影響。

先說美式超級英雄，他們絕大部分平時都是平民的身份，到了晚上或有需要時就換上超級英雄的服裝去行俠仗義。例如「超人」平時是記者，超人的衣服永遠穿在西裝之下，有事時脫掉西裝就可出動。「蝙蝠俠」平時是富豪，多數在夜晚才整裝出動。除了「變形俠醫」這角色之外，超級英雄在變身後的身體狀況沒有改變，有些只是加添武器裝備，如「蝙蝠俠」、「鐵甲奇俠」等，他們在肉體上仍然是變身前的那個人，其實不穿超級英雄服裝也有超能力，不同的是換了衣服後心態就改變了，例如「超人」從一個看起來是平平無奇記者小人物，換衣服後一下變成了無敵的強者，「蝙蝠俠」從一個億萬富翁，換了衣服後變成疾惡如仇的「正義執行者」。這其實是一種心理的改變，可以說是平時戴上「人格面具」，有機會時才表露出其「真實的性格」，這樣看起來就是人格分裂。這種人格分裂的變身故事始於 1886 年小說《變身怪醫》（The Strange Case of Dr Jekyll & Mr. Hyde），日間是救人的醫生，夜晚變成殺人的怪物，在美式超級英雄故事裏屢見不爽，只不過是將晚上害人的角色換成英雄而已。

美式超級英雄和他們身邊的人就有些奇怪的地方，就

是認為換了衣服就無人可以認出，奇怪的是他身邊的人也真的認不出他們。最離譜的是「超人」，只是換衣服，面具也不帶一個，竟然全公司的同事一個也認不出是他。「蝙蝠俠」雖然有帶面具，但一半的臉也露在外面，變了身後和熟悉的人談笑風生，也竟然沒有人可以認出他們，是超級英雄有問題還是大家裝作不知道呢？

之前談過，西方社會文化令人要獨自承受壓力與問題，十分容易出現情緒問題，其中《變形俠醫》從一個溫文儒雅的醫生變成只懂得破壞的野獸，變回醫生後完全失去變成怪物的記憶，撇開奇幻主題，這活脫脫就是一個人格分裂的故事。從上面的例子可以看出，美式超級英雄的人格分裂症狀就是代表着美國文化底下個人所承受壓力的隱喻。

至於日式超級英雄就很不同，他們變身後，不止樣子變了完全認不出來，連身形也從一米七的人變成四十米高的超人，在肉體上的改變十分巨大。但是他們的心理，卻完全沒有改變，變身前和變身後的道德價值完全沒有改變，只是加強了力量去打怪獸而已。

在蒙面的議題上，其實日式超級英雄很少蒙面，他們索性就換了一個樣子，在《進擊的巨人》裏，主角艾倫變成巨人之後，其實樣子是可以不變的，但作者偏偏將巨人變成一個令人完全聯想不到的樣子，在故事的邏輯裏是不合理的。為什麼日式超級英雄很少蒙面？這與東方文化傳統有關，武士在戰爭時穿着盔甲的面具有保護面部和令

自己看起來更兇猛，如《改造人卡辛》（Neo-Human Casshern、複製人卡辛）戰鬥時的面罩，和《東京喰種》的男主角金木研在戰鬥時戴上的猙獰面具。但東方文化其實不喜歡蒙面的，我們覺得蒙面是不見得光的意思，如武俠小說裏的角色去偷東西時就會蒙面，日本的小偷也將手巾縛在頭上以遮蔽部分面容，忍者蒙面是因為他們是在做不見得光的秘密工作，而在歷史上，忍者的社會地位亦十分之低。東方文化講究光明正大，何況是做英雄？英雄在變身後，為免身分暴露（劇情需要），作者就直接為他換了另一個樣子一了百了。

而美式超級英雄卻特別喜歡蒙面，為什麼美式超級英雄這麼熱衷於蒙面？很多研究發現，蒙面會令人產生不少心理影響，因為蒙了面的人不能從面部表情和人溝通，這會導致他們大大降低了在公眾地方的自我意識，覺得自己與典型的自己不太相似，例如需要守規矩和理會別人的感受，這理論叫「去個性化」（Deindividuation），不少研究結果顯示蒙了面的人比沒有蒙面的人有更強暴力傾向（H. Albassam, 2021）。這樣可以解釋為何美式超級英雄都會在變身後用以暴易暴的方式去維護「正義」，這也符合之前提到美國文化崇尚武力的特點。

反對與支持制度

超級英雄行俠仗義動機的分別，美式英雄注重「正義」而日式英雄注重「俠義」，無論是哪個國家的超級英雄，

保家衛國都是最主要的目的。但想要貢獻社會，為何不加入警隊或從軍？在政府工作服務市民不是更好更有效嗎？事實上，日式超級英雄中有許多人選擇這麼做，例如《蘋果核戰》（APPLE SEED）、《攻殼機動隊》（Ghost in the Shell）等作品中，許多超級英雄不是軍人、警察就是特種部隊的成員，他們大部分在政府體制內工作。儘管體制內可能存在官僚主義和貪污等問題，但總體而言，主角們主要相信服務政府是正義的。

例如，《鏈鋸人》中的主角淀治，在獲得超能力後被政府機構招募為他們的成員，在「口裏說不」不情不願下，最後「身體最誠實」地加入。此外，還有許多超級英雄本身沒有超能力，但在加入政府後獲得先進武器，以執行法紀，例如《心靈判官》（PSYCHO-PASS、心理測量者）的主角常守朱，她本人並沒有任何超能力，看上去更是個瘦弱的女子，但憑着為人服務之心和部隊給予她特殊武器，她能夠應付比她強大的壞人。

之前提到，有些日式超級英雄是被迫成為英雄的，例如《新世紀福音戰士》中的主角碇真嗣，儘管他不情願地被指派駕駛機械人，但他也沒有違反自己的道德底線去「助紂為虐」，也不會幫助他們不認同的政府。

這與日本文化中的社會群體認同有着密切關係，日本傳統宗教神道教認定天皇是神，統治階層都是神的後代。這種世襲式封建制度仍然存在於日本社會，最明顯的例子是

當今日本大部分政客以至首相，都是由不同政治家族世襲或輪替，不少家族歷史可追溯到幾百年前的武士階層。

正正是被上千年歷史裏的階級結構文化薰陶，令日本目前還沒有出現大規模挑戰整個制度的聲音。縱使近年日本人對政府的信任度逐漸下降，這反映在近年日本年輕人投票率持續低迷之上 (M Glass, 2022)。一般國民也只能接受平常人與統治階級的距離，要為國民服務就只能加入政府。當然，日本也有不少超級英雄是活在體制之外，如「蒙面超人」和撒旦幫的對抗就是在體制之外，政府是不知情或沒有參與，但這只是體制外的風波，與體制本身無關係。

相反，美式超級英雄做英雄的設定就是源於不信任政府，他們寧願在黑夜喬裝出外冒着生命危險維持秩序，做一個在體制之外的「私人執法者」（vigilante），也不加入體制，有些英雄更是前體制內的一員，離職後繼續私下執法，他們很多都是體制失效的受害者或見證着體制失效的人。如「蝙蝠俠」，由心底裏就認為現在的體制千瘡百孔，故事中葛咸城的警察甚至已經充滿貪污舞弊，根本不可能保護平民弱者，所以才遠離體制私下執法。

美國人對政府不信任可從近年十分流行的「陰謀論」看到一些端倪，「陰謀論」主要是認定政府對人民隱藏真相，欺騙人民以達到其政治目的，如著名位於內華達州的「51區」（Area 51），雖然政府否認是用來研究外星人的基地，美國人一般也認定那裏隱藏着很多外星人的秘密。

「陰謀論」是源於美國獨立戰爭時，美國人指控其當時的宗主國英國用一連串陰謀，想因此弱化美國國力和圖利。從六十年代至今的一連串事件如甘迺迪總統被刺和水門事件，加上美國政府亦經常封存某些機密文件，這都令美國人認為政府有很多瞞着人民的秘密，找出並破解這些秘密正是陰謀論者的「工作」。

很大程度上，美式超級英雄是根據對美國制度和法律的藐視和不信任而產生。最諷刺的就是連「美國隊長」這位「愛國主義」的超級英雄代表也在《美國隊長 3：英雄內戰》（Captain America: Civil War）故事內被制度嫌棄，這情節是隱喻美國制度的失能，連最「正義」最愛國的「美國隊長」也成為通緝犯。美式超級英雄最愛用的衣着 - 蒙面，也是社會抗爭者的常用的裝束，這些例子就是一個清楚而明確對美國制度不信任的隱喻。

可以這樣說，日式超級英雄是為現有的社會制度出一分力，就算要付出代價也沒有辦法，這與之前說過日本文化以社會作為身分認同的主體有莫大關係。而美式超級英雄則因為社會是以個人為主體，在美式資本主義不能兼顧所有人的權益下，尤其對弱勢社群無視的個人抗爭。

02 日本流行文化的隱喻

在之前的部分中，我已經討論了美國和日本超級英雄之間的差異。根據各自的歷史文化和社會狀況，這兩個國家發展出了屬於自己獨特的流行文化作品。許多超級英雄的設定是從宗教發展而來的，而怪獸的出現也並非純粹是創作人天馬行空的想法，而是創作人受到自己的文化啟發而設計的。無論是有意還是無意地使用這些隱喻，所有受歡迎的作品都有與觀眾產生共鳴的地方，而這些作品自身的歷史文化為它們提供了強大的支持。

在多年的觀賞經驗後，我認為日本流行文化中存在著兩個主要的隱喻，這些隱喻經常出現在我們所喜愛的作品中，只是我們沒有察覺到。這兩個隱喻分別是「懼怕成年」和「二戰的包袱」。在以下這部分，我會專注分析這兩個隱喻，這兩種隱喻成為了故事背景的重要元素，深刻地影響著不同作品中角色命運和故事的發展。

懼怕成年的英雄

　　看得多日本流行文化的觀眾可能留意到，日本流行文化裏有強烈的「懼怕成年」情意結，可能有人會問，什麼是「懼怕成年」情意結？其實「懼怕成年」是懼怕成年後要進入社會工作的隱喻。任何社會裏，人成年之後都要進入社會工作，進行大家認可的社交活動。日本的文化及社會給予人民極大壓力，第一部分談過日本是一個很重視團體性的國家，超級英雄和壞人都是以團體為單位出現的，在社會裏同儕之間的壓力很大，社會更要求每個人都要遵守嚴格的社會規範和極其苛刻論資排輩階級制度。如在學校和公司裏面，後輩給前輩霸凌似乎是等閒事，放工後每天要與同事去社交取悅上司至深夜也是工作的一部分。遇到問題時，日本傳統文化卻會將注意力轉向個人，也就是要個人獨自忍耐承受。對於從小到大都生活在這種高壓和令人窒息的生活，對不少日本人來說是一種創傷性的經歷。日本人一旦成年，就需要溶入社會工作去滿足家庭和社會對他們期待，最後每個人都會變成跟他們上一代一樣被同化了的人。

　　「懼怕成年」情意結，可以從七十年代開始被社會注意到的「繭居族」（Hikikomori）問題中顯現得最清晰。「繭居族」在香港被稱為「隱蔽青年」，是指一群從社會生活中退隱，除家人之外沒有與其他社會人士接觸的人，他們不工作亦不上課，絕大部分時間都留在家中（Saito T, 1998）。「繭居族」可以「繭居」幾個月、甚至幾年，有一些極端的例子是一個人在家「繭居」了達二十年之久。

繭居人大多數是男性，平均年齡為 26.7 歲，他們平均隱蔽了 4.8 年，他們恐懼社交，在隱蔽期間生活陷入完全癱瘓的狀態。日本的「繭居族」的數量越來越多，據「日本時報」統計，2023 年日本的「繭居族」有一百五十萬人之多（JIJI, 2023），有學者認為，「繭居族」的成因是承受不了社會對他們期待的壓力而成（Saito T, 2002）。

「懼怕成年」情意結並不是近二三十年才出現的現象，在日本流行文化裏，早於五六十年代的作品已經有這種隱喻的跡象。正如之前所分析的，日本的超級英雄大多是未成年的青少年或孩子，這反映出日本人對成年人身份的抗拒，許多作品中都出現了將成年人或成人世界妖魔化的情節。這種對成年人的抗拒以及壓抑情緒在日本社會中一直存在，但在近三十年的流行文化作品中迅速爆發，似乎成為日本當代社會文化的一種註腳。

以下部分將詳細分析日本流行文化中的「懼怕成年」情意結，及看看不同妖魔化成年人和成人世界的例子。

永不長大的夢想：名偵探柯南

《名偵探柯南》（Detective Conan）原作漫畫於 1994 年開始連載，後來被改編為動畫和真人電視劇。主角工藤新一是一位十七歲的高中生，某天在調查案件時被強迫灌下一種神秘藥物，使他變成小學生的模樣。工藤新一隨後化名為江戶川柯南，並解決了許多案件。

有趣的是新一變成小孩子柯南後，似乎生活得更加得心應手，因為成人對於小孩並不容易產生懷疑，他可以更方便地進入各種場所，這讓他更容易進行調查。他還可以借機逃避他女朋友比較煩人的要求，但同時也可以繼續和她共同生活。從成年人的角度來看，柯南過著無憂無慮的生活。另一方面，故事中的成人大多都顯得無能，比如毛利小五郎，包括罪犯在內的所有成年人都被柯南利用變聲器和迷魂針等「武器」輕易玩弄於股掌之間。柯南作為一個小孩子，似乎比青少年時的新一更有能力。這種成人不如孩子的概念貫穿整個柯南系列作品，似乎表達了將成年人返老還童的潛在中心思想。柯南是否希望保持十七歲即將成人的新一不願長大的夢想呢？

在西方文化作品中，也存在著不想長大的幻想，其中最著名的例子當屬英國故事《小飛俠》（Peter Pan、彼得潘）。「小飛俠」是一個永遠不會長大的孩子，他生活在如夢境般的「夢幻島」（Neverland），長期與壞人「鐵鈎船長」（Captain Hook）對抗。《小飛俠》的故事非常受歡迎，以此為主題的流行作品數不勝數。故事中，「小飛俠」不想長大成為一個特色，他的身體因此停止發育，永遠保持兒童的狀態。「小飛俠」的想法確實得到了許多人的認同和向往，甚至有人模仿他。心理醫生丹凱利（Dr. Dan Kiley）寫了一本名為《小飛俠症候群：從未長大的男人》（The Peter Pan Syndrome: Men Who Have Never Grown Up）的書，書中提及他治療過的許多問題少年在成長和承擔成人責任方面都存在問題。

然而，不想成長並不是西方文化的主流觀念。在西方文化中，人們認為成年代表著獨立，意味著要對自己的行為負責任，並且有權選擇自己喜歡的生活方式。許多西方年輕人在成年之後會花上幾個月甚至幾年的時間在世界各地流浪，實踐他們獨立後的自由。相較於未成年時被許多規則約束，西方人對於成年後的期望更大，他們並不希望永遠停留在孩童階段。

在日本文化中，社會對於孩子的容忍度較大。孩子們可以無憂無慮地生活，作為未成年的人，他們可以更加任性地追求自己喜愛的事物。對於一些反叛的年輕人，社會和家庭會有耐心地培養他們，這一點從不少作品如《幽遊白書》會以問題青少年角色作為拯救世界的英雄，可見日本社會對反叛青少年是持有正面的看法。因此，在許多日本人眼中，未成年期是他們生命中最自由的時光。在流行作品中，常常推崇「熱血」的概念，這通常與「青春」聯繫在一起。背後的含義是要在青春時期做一些有意義的事情，因為一旦長大了，就可能失去這種自由。失去了自由之餘，日本的成年人還必須面對巨大的社會壓力，服從社會等級制度。這也是日本年輕人不想成年並進入社會的原因之一。

在《名偵探柯南》的故事中，柯南只是回到童年時期，但他仍然會慢慢長大，創作人只是將柯南成年的「死線」延遲十來年，但柯南還是要面對成長的問題。要永遠不長大，最好的方法就是變成機械人，而最著名的孩子機械人莫過於《小飛俠阿童木》。

　　《小飛俠阿童木》的漫畫連載始於 1952 年，故事講述科學家天馬博士因兒子在交通事故中喪生，於是製造了「小飛俠阿童木」。然而，由於「小飛俠」無法完全取代他的兒子，「小飛俠」輾轉到了機械人馬戲團。最後，他被御茶水博士收養，成為一個懲惡懲奸的英雄。

　　《小飛俠阿童木》的故事起點是否與西方的《木偶奇遇記》(Pinocchio) 十分相似，但因為各自文化的不同，《小飛俠阿童木》與《木偶奇遇記》的故事發展就出現了很大的差別。《小飛俠阿童木》裏面的「小飛俠」被博士收養後，更加突顯他的正義感，從此變成一個行俠仗義永遠如小孩一樣的機械人超級英雄，「小飛俠」亦重來沒有想過要變成真人。「小飛俠」永遠停留在小孩子的階段，不止身體不能長大，心智也一直停留在兒童的年齡。但《木偶奇遇記》的木偶，他一直的追求都是變成一個真人，最後終於如願以償變成真正的小孩，真正的小孩自然會長大成人。

　　某程度上，無論是《名偵探柯南》或者《小飛俠阿童木》，都是反映出日本年輕人不願意變成成人的情意結，及對成年人需要負起社會責任的逃避，也是成人對作為兒童的自己的懷念。

人吃人的成年世界：進擊的巨人

　　《進擊的巨人》漫畫於 2009 年開始連載，後來被改編

成動畫和電影並大受歡迎。在《進擊的巨人》的世界裏，人類生活在圍牆之內，圍牆外佈滿吃人的巨人，人類只要外出到圍牆之外，就會被巨人吞噬。主角艾倫因為目睹母親被巨人吃掉而發誓要殺死所有巨人，所以加入訓練兵團與巨人決戰，但當他成功走出圍牆外，卻發現真實的世界不是他想像的那樣...

在《進擊的巨人》裏，圍牆是一個重要的隱喻，它代表着年輕人與成人世界之間的界線。主角艾倫不想困在圍牆裏，渴望到圍牆外看海看世界。但圍牆之外卻充滿吃人的巨人，眼見不少朋友都被吃掉（艾倫被吃掉後被激發巨人的能力），每一次外出時年輕人都表現得十分恐懼，也有沒有這麼勇敢的年輕人寧願留在圍牆內也不出外送死。

艾倫渴望離開圍牆代表許多年輕人不滿足於困在自己的環境中，渴望在外面的世界大展拳腳的夢想。《進擊的巨人》中的隱喻是圍牆外即成人世界，而成人的世界卻是一個人吃人的世界。為什麼我說圍牆之外就是成人世界？可以從巨人的造型看出端倪，故事中的巨人，除了特別的「九大巨人」之外，其他巨人的樣子都很像中年男人，直截了當地說就像在現實世界裏公司的管理階層。那些巨人面目猙獰、不講道理，動不動就衝過來爭相把年輕人吃掉，這是否代表年輕人對成年人社會的看法？在日本這個階級長幼秩序井然的社會裏，年輕人剛入社會就如同走出圍牆，擁有隨時被巨人吞噬的焦慮感。

在《進擊的巨人》故事中，描述圍牆之外佈滿食人的巨人。經過一番辛苦闖關，動畫的最終季揭示的外在世界並非理想之地。那裏存在着嚴重的貧富差距，許多人生活在極度貧困之中，新移民經常遭受歧視和暴力對待，種族歧視猶如二戰時的德國。在這樣的外在世界中，留在圍牆內反而能夠享受相對安定和簡單的生活。然而，對於艾倫和他的隊友來說，已經無法回頭，他們走上的道路是不可逆轉的。

主角們一旦越過圍牆，便無法回頭，故事中成功走出圍牆象徵着成年。當年輕人成年後，無論多麼懷念無憂無慮的少年時光，都無法回到過去。年齡只會不斷增長是成年後必須面對殘酷的現實，純真的年輕人逐漸受到成人世界的污染。因此，當角色們回憶起圍牆內的日子時，通常是他們童年時快樂的回憶。每個角色在越過圍牆後都有着無法回到過去的悲傷和遺憾，例如艾倫和米卡莎之間的感情，到最後只會讓人感到無奈。

《進擊的巨人》初期充滿了年輕人對成年人世界的憧憬和焦慮，但進入成年人世界後，卻變成了失望、遺憾和對成年人的憎恨。這是一個極度憤世嫉俗的成長故事，到最後也找不到一個完美的出路。這是否反映了當代日本年輕人對未來的悲觀？

將成年人定性為邪惡的根源，對比年輕人的善良和正義不是近年才有的作品主題，邪惡的成年人對決正義純真

的年輕人這種關係的故事，在日本流行文化中早已建立起來。例如 1972 年永井豪的作品《鐵甲萬能俠》（Mazinger Z. 、魔神 Z）的反派是地獄博士和修羅男爵，甚至更早於 1966 年的《極速賽車手》（Speed Racer、駁速快手），這些作品都講述了未成年少年對抗邪惡成年人的故事。人長大了就會變成壞人，成人世界被視為邪惡的概念一直貫穿着戰後的日本流行作品。

恐懼年輕人：大逃殺

2000 年電影《大逃殺》（Battle Royale）一開始就出現的字幕：「新世紀之初，一個國家陷入衰敗。失業率突破 15%，失業人數達到一千萬，八十萬學生杯葛校園制度，青少年犯罪問題增加。信心盡失的成年人對青少年存有恐懼，於是通過了一條法案：《新世紀教育改革法案》（簡稱「BR 法」）。」

《大逃殺》劇情講述自從「BR 法」生效後，政府每年一次從全國中學中隨機選出一個班級，並在無人島進行一場互相殘殺的遊戲，直到剩下一人為止。這一年被選中的是城岩中學 3 年 B 班的 42 名學生們，在旅行期間被帶到了無人荒島，被迫參加這場殺戮遊戲 ...

成年人強迫年輕人互相殘殺，從前的同學和朋友都不能倖免，要在這生存遊戲中活下來就要親手殺死他們，這是否年輕人對進入社會的體會？在開場字幕裏的一句「信心盡失的成年人對青少年存有恐懼」，是從成年人的角度來

看還是從年輕人的角度？為什麼成年人會對年輕人產生恐懼？是成年人對年輕人或年輕時的自己心懷愧疚？還是年輕人恐懼變成成年人才對？

在訪問中導演深作欣二說他欣認為日本的年輕人在焦慮中成長，因為日本經濟失落令他們目睹了社會的殘酷，經濟失落將他們從小仰慕的成功榜樣變成了失敗者。電影中的學生為了生存而被迫互相殘殺，亦可視為日本社會殘酷競爭的隱喻。

另一方面，《大逃殺》除了表達年輕人對於加入成人社會的恐懼之外，也隱喻着成年人對生活的焦慮感，他們覺得活在的社會體制出現嚴重問題，懼怕年輕的一代會推翻現在千瘡百孔的體制。日本社會文化給予一般人的壓力不止於年輕人，成年人每天都在壓力和焦慮底下生活，日本社會文化將價值觀壓抑至扭曲，之前提過的「繭居族」、痴漢、甚至不斷增大的成人色情市場都反映出文化上極端的扭曲。

相對於《大逃殺》以年輕人被迫互相殘殺隱喻年輕人對成人社會的恐懼和反映成年人的焦慮，在 2016 年開始在漫畫連載後來拍成動畫的《約定的夢幻島》就將對社會的恐懼表達得更加赤裸和殘酷。

《約定的夢幻島》的故事是描述一羣無憂無慮生活在孤兒院的孩子們，他們都會在六到十二歲之間被領養，然而，

有一天發現了一個驚人的事實，他們發現被領養的孩子們實際上被殺害，然後供應給「鬼」作為食物。孩子們決定逃離孤兒院。他們最後成功地逃離，但在外面充滿危險的世界裏，他們必須學會生存、尋找食物和保護自己...

比起《大逃殺》裏的主角都是十六七歲的中學生，《約定的夢幻島》的視點亦聚焦成青少年以下小於十三歲的小孩子。在英語裏，青少年的年齡是十三至十九歲，因為英文數字從十三至十九都有 "teen" 作結尾，如 "thirteen"、"eighteen" 等，青少年亦代表脫離童年階段進入青春期，心理生理開始慢慢過渡至成年人。

值得留意的是，在《約定的夢幻島》裏，所有孩子的童年都過得十分美滿，有一個愛他們的褓母，生活得十分充實快樂。這是創作人認同日本孩子大部分都有快樂的童年？但當孩子到達青少年的年齡時，他們的生活似乎要作出一百八十度轉變，從小愛他們和保護他們的褓母，突然露出真面目，原來從小到大的幸福，都是一個騙局，目的是將孩子養大，再犧牲他們作為社會的食糧。在孤兒院裏，只有少數孩子能夠「覺醒」過來，其他的孩子只能等待着一個一個被吃掉的命運，只有幾歲的孩子為了生存被迫與成年人為敵。

《大逃殺》裏社會制度強迫年輕人互相殘殺的隱喻已經夠殘忍，但故事裏只是每年隨機選出一班來進行「遊戲」。理論上在《大逃殺》的世界裏大部分年輕人都能安全成長，

只是一小撮不幸的年輕人會被社會謀殺。但在《約定的夢幻島》裏，成年人在小孩子成長前，在進入青春期之前就將他們全部殺死吃掉，根本不給他們變成成人的機會，這概念就更加殘酷。

《大逃殺》和《約定的夢幻島》的隱喻激進赤裸，這兩部作品將年輕人對進入成人世界的恐懼和成年人對生活的焦慮描述得再清楚不過，長大後要互相殘殺或從幼兒時已經被社會有計劃地培養成食糧，這些作品都深深地表露出創作人從青春期少年開始就已經建立了對日本社會的痛恨。

被污染的年輕人：死亡筆記

《死亡筆記》(Death Note) 漫畫在 2003 年開始連載，之後多次被拍成電影和動畫，作品當時十分受歡迎。用「道高一尺，魔高一丈」來形容《死亡筆記》的故事最為貼切。高中生夜神月偶然發現了一本名為「死亡筆記」的筆記本，只要寫下某人的名字，那個人就會死亡。夜神月與筆記本的前主人死神流克相遇，流克表示因為在冥界太過無聊才將筆記本帶到人間。夜神月因為不斷使用「死亡筆記」暗中殺人，從而獲得了「奇拿」（Kira）的綽號。奇拿的連續殺人行為令世界頂尖偵探 L 決定與奇拿展開了一場又一場對決…

在《死亡筆記》故事的開始，男主角本意是想借助「死

亡筆記」來行使他認為的「正義」，殺死法律體制不能制裁的罪犯。但很快地擁有像神一樣的力量腐就化了他，使他一直走向邪惡的深淵。在故事中有多位死神，他們在冥界存的在就有如一間大公司裏俗稱 Old Seafood 的「老油條」，以「多做多錯，少做少錯，不做不錯」的態度做事，情願活在無盡的空虛無聊之中，也不想有任何作為。死神流克更為了尋找一些刺激而將「死亡筆記」帶到人間。故事中，死神流克最喜歡吃蘋果，要知道在天主教的傳說裏面，魔鬼是用蘋果引誘亞當犯了原罪的（聖經中其實沒有說明是什麼水果，伊斯蘭教就認為是提子）。所以喜歡吃蘋果就隱喻了死神的本性是令人墮落的，流克和眾死神就像一群沒有靈魂的中年人污染着尚未深陷世俗年輕人的心靈。

男主角夜神月一直對世界感到不滿，在他的眼中這個世界只有罪惡。而「死亡筆記」正好給了他能力去改變世界，但過程中也腐化了他的心靈，使他變成了一個為了達到目的而連親人朋友都能殺的冷血殺人魔。漸漸地男主角就發展出連環殺手缺乏同理心、殺人後不會後悔、自大、自戀、喜歡操縱別人等的性格特徵。男主角在剷除罪惡的路上，將自己變成了一個能逍遙法外殺人不眨眼的連環殺手，變相將自己變成他原本痛恨的罪犯。《死亡筆記》裏的男主角認為他生活在一個充滿罪惡的世界，但事實是在不知不覺下，這世界已經慢慢地污染了他，他更加透過招攬了其他共犯合作來洗脫自己是「奇拿」的嫌疑，讓他可以更加肆無忌憚地犯案。

被成人世界污染的另一例子就是《進擊的巨人》裏的主角艾倫。在動畫的前三季中，艾倫是一個充滿熱血正義的年輕人，但在最終季時他已經成年（十九歲），成年後的艾倫性格發生了一百八十度的轉變，變得十分冷酷無情，只為實行自己的計劃不惜變成危害人類、殺人無數的魔頭，即使有時對自己所做的事感到傷心也不會停止。《進擊的巨人》的故事似乎記載了艾倫（年輕人）因成長而墮落的過程。

同樣的轉變在《大逃殺》裏也表達得很清楚。男主角七原秋原本是一個善良的學生，但在《大逃殺 2：決戰天堂》(Battle Royale II: Requiem) 的時候，男主角已經成年，他已經回不到過去，變成了一個手持機關槍大殺四方的叛軍。這個轉變與《進擊的巨人》裏的艾倫在成年後變成殺人魔有着異曲同工的效果。兩人都是因為長大成年後明白他們活在世界的黑暗面而被迫黑化。《死亡筆記》、《進擊的巨人》和《大逃殺》都以隱喻的方式描繪了成人世界對純真年輕人心靈的污染，這一點描寫得十分細膩清晰。

低慾望者的反擊：一拳超人

《一拳超人》於 2009 年於網絡上發佈，於 2012 年開始連載「重製版」漫畫，之後拍成動畫。故事的主角埼玉因為突然萌生成為英雄的念頭，持續三年進行自我訓練，最後變得強大無比。在獨自行使英雄職責一段時間後，埼玉與弟子傑諾斯一起加入英雄協會，與眾多英雄一起對抗

各種怪人。

　　雖然主角埼玉有強大的力量，但他做人的態度可以用廣東話的一個「頹」字來形容（頹廢的意思），不務正業也沒有偉大的理想，只對生活上的小好處感興趣，如注意超市減價貨品之類。埼玉原本是一名整日奔波於求職的普通人，有一日因為打敗怪人救了小孩，突然心有所悟，就將自己訓練成所向無敵的「一拳超人」。從另一角度看，埼玉用了相當於大專或大學課程的時間訓練自己，某程度上這也似乎是年輕人在高中畢業後，在社會裏找不到自己的定位，而在一些場合或情況下發現自己對某方面有些才華和興趣，想藉着修讀一些自己心儀課程令自己脫胎換骨，追求夢想的隱喻。不過埼玉在完成訓練之後因再次要進入社會，人生頓時又失去方向，結果在能夠負擔的情況下整天閒賦在家打遊戲機，有時給自己一些簡單的「奢侈品」如超市減價高級貨。埼玉在其觀眾眼中變成一個不務正業「頹」的青年，實際上他們在經歷了課程之後在某方面的確有了專長，但因為沒有人脈網絡和渠道（沒有人向「英雄協會」推介）去找到能發揮所長的工作，唯有每天留在自己的舒適區中生活。

　　《一拳超人》的世界也不是十分完美，例如「英雄協會」運作和員工都是似現實中不停開會不做實事的大公司。「英雄協會」做事兒戲，挑選英雄時常出現誤判，像排名 S 級英雄被稱作「地球上最強的男人」的 KING 其實根本沒有超能力，只是誤打誤撞才能得到 S 級的排名。埼玉的

能力絕對是 S 級，但經過考試後卻給他 C 級的排名等等。

　　埼玉的不作為、不努力、低慾望「頹」的態度，正正是這一代日本年輕人的寫照。日本學者大前研一寫了一本名為《低欲望社會》的書，內容分析了日本因為社會人口減少、超高齡化，令到失去上進心和慾望的年輕人越來越多，日本年輕人陷入了缺乏欲望、夢想和幹勁的「低欲望社會」現象。

　　但低慾望並不等於放棄，低慾望像埼玉的年輕人對社會也有意見，《一拳超人》某程度上是低慾望年輕人對社會的反擊。埼玉在表面上絕不起眼，看上去亦十分「頹」，但他的實際力量卻遠勝 S 級的英雄，很多英雄也不能打敗的怪人，被埼玉簡單地一拳就毀滅。埼玉對社會的反擊就是從自己強大的能力去諷刺制度的無能，不是他沒有能力而是制度不能察覺到他的才華，但低慾望的他也不會努力爭取社會認同，只是偶爾之間展示一下身手去證明自己就足夠了，這正是「低慾望社會」裏年輕人的自我滿足心態。

　　從《一拳超人》可以看到在「低慾望社會」裏的年輕人與上一代日本人的變化，七十至九十年代流行文化以宮崎駿的作品最能得到不同年齡層的歡迎，從小孩到成年人都喜愛他的作品。縱觀他的作品，有一個主題常常出現，就是正義熱血的年輕人對抗成年人世界僵化的制度。例如早期 1978 年的《高立的未來世界》（Future Boy Conan、未來少年柯南）或 1986 年的《天空之城》（Castle in the Sky），都是描述青少年為信念和保護身邊的人而積極反抗強大邪惡的成人世界。在七八十年代正值日本經濟起飛，年輕人充滿希望亦被視為社會的未來，對於不甚完美的社會制度自然敢於與之對抗。相反，新世代低慾望的《一拳超人》卻是以「頹」的相對消極態度去反抗已經失能的社會和制度。比較起七八十年代的作品，《一拳超人》展示出日本在失落的三十年期間，因經濟停滯不前而產生的社會文化和年輕人心態改變。

二戰的包袱

　　二戰距離現在已經八十年，雖然很多經歷二戰的人年紀已經很大或不在人世，但二戰遺留下來的創傷一直存在至今，甚至大部分創作人都是未經歷過二戰的新生代，他們本身對二戰沒有任何親身體驗。可能日本在二戰時親自體驗到了原子彈的破壞力，也可能是日本仍然承受着作為戰敗國的屈辱，日本在文化上似乎仍然對二戰念念不忘，仍然背負着沈重的二戰包袱，這一點在不少日本流行文化作品中可以看得很清楚。

　　在較早期的日本流行作品經常滲透着一股二戰的記憶，1956 年的漫畫（後來變成動畫）《鐵人 28 號》的設定就是一個很好的例子。《鐵人 28 號》的故事設定是在二戰末期，日軍要求金田博士製造可以讓日本勝利的秘密武器，巨大機械人「鐵人 28 號」。但是機械人完成前日本便戰敗投降，於是「鐵人 28 號」就被封存在那裏，直至金田博士的兒子金田正太郎得到「鐵人 28 號」的無線操控器，展開與壞人的戰鬥。

　　不僅局限於早期的流行作品，直接受到二戰啟發的作品一直有推出，七十年代的《蒙面超人》以至九十年代的《浪客劍心》，甚至千禧年代《進擊的巨人》的最終季都發生在一個類似二戰德國的世界裏，由此可見，二戰的夢魘似乎仍然存在於日本人的腦海中。一代接一代的日本創作人都有直接或間接被二戰所啟發，而且他們用的是隱喻手法，

不止是借用二戰題材故事，而是發自內心深層的文化反思，在這方面，日本的流行文化是十分獨特的。

毀滅者與保護者：哥斯拉

與其說《哥斯拉》(Godzilla, 哥吉拉) 電影是隱喻二戰原子彈爆炸，不如說是日本人害怕具有巨大破壞力武器。原子彈的威力是前所未有的，當年親眼目睹這段歷史的日本人一定對其感到極度恐懼。然而，在 1954 年，美國秘密地在距離日本不遠的比基尼環礁試爆氫彈，其產生的輻射影響到當時在附近的日本魚船「第五福龍丸」，船上的漁民和魚獲均受到輻射污染，「第五福龍丸」回到日本後引起了巨大的社會恐慌。同年，被這事件啟發而創作的《哥斯拉》電影橫空出世，並且大受歡迎，成為日本第一部特攝片。

《哥斯拉》電影講述一隻沉睡在比基尼環礁底部的怪獸，因為氫彈試爆而甦醒，巨獸「哥斯拉」到日本登陸並造成大規模破壞，牠可以從嘴中噴出「白熱光」將附近一切化為灰燼。對於人類而言，「哥斯拉」可謂無敵的存在，一般武器無法傷害牠，人類在「哥斯拉」腳下只如微塵，最後只有用上天才科學家發明的武器才能將科學家與牠同歸於盡。

可以說，《哥斯拉》是因為氫彈試爆事件而再次喚起日本社會對核武的恐懼，日本是人類歷史上唯一遭受核武攻

擊過的國家，原爆對日本人造成了巨大而長期的身心創傷，這絕對不是未經歷過的人可以想像的。創作人表示「哥斯拉」的皮膚紋理靈感來自廣島原爆倖存者身上的瘢痕和疣，「哥斯拉」的身上佈滿了原爆的傷痕。

《哥斯拉》電影製片人富山省吾更將「哥斯拉」比作神道教的「毀滅之神」，他認為「哥斯拉」缺乏道德的標準，不能以人類的善惡標準來衡量牠的動機，可見牠在創作人心中擁有強大的破壞力之餘，亦可感受到日本人在二戰後的十年間，已經開始接受原爆命運的事實，「哥斯拉」（原爆）是「毀滅之神」而不是邪惡的魔鬼，這可能反映出因為日本在戰後被美國統治而對美國產生認同的複雜情感。

初代「哥斯拉」在第一集因為作惡而被殺死，但漸漸地，「哥斯拉」的角色從「毀滅之神」變成守護日本的神獸。這也對應了日本人從對核武的態度，從戰後對原子彈的恐懼，轉變為近代的日本依賴對美國安保條約下所提供的「核保護傘」，作為守護日本的象徵。日本從核武的受害者，變成現在被核武保護的國家。

「哥斯拉」的外型亦從早期的消瘦型慢慢演變成現在的下身粗壯型，儘管牠的上身較下身小而手也相對較短，但牠有極其粗壯的雙腿和尾巴。「哥斯拉」行走的方式不像一般暴龍上身前傾，而像功夫扎馬一樣把重心放在中間，牠的行走方式實際上是參考了相撲力士的「四股踏步」架勢，利用腳板直接吸收地面的力道發力，可見日本人漸漸

接受了「哥斯拉」並將牠轉化得像相撲手一樣，認同「哥斯拉」成為自身傳統文化的一部分。

「哥斯拉」的角色發展見證了日本人在戰後對核武的看法，隨着經歷過原爆的日本人逐漸逝去，現在大部分的日本人對原爆的感受已經失去親身體驗的震撼，變得越來越淡化，象徵原爆的「哥斯拉」從「毀滅之神」變成護國神獸，原來《哥斯拉》所代表超大型毀滅武器的「文化隱喻」似乎逐漸失去了原本的意義。

千人斬的贖罪：浪客劍心

雖然距離二戰已經有超過半個世紀，但九十年代仍然不乏與二戰有關的作品，二戰的包袱仍然在日本流行文化中存在，其中《浪客劍心》和《Keroro 軍曹》(Keroro Gunso) 就是比較受歡迎的作品。

《浪客劍心》漫畫 1994 年開始連載，並拍成動畫和電影，故事是講述一位不明來歷面上有傷疤的浪人出現在東京市內，帶着不會傷人的逆刃刀到處行俠仗義。但故事開展後才發現，男主角緋川劍心在俠義的背後是有一段黑暗的過去，他曾經是專門暗殺幕府要員的「劊子手拔刀齋」，和平之後想洗心革面從新做一個好人。

在男主角緋村劍心俊俏的面孔上加了很大的十字形傷疤當然是隱喻着失去美好或純真的意思。作者用傷疤代表

男主角劍心從滿懷壯志的純真年輕人，墮落到成為「劊子手」，最後雖然悔改，但罪孽就如他臉上的傷疤一樣是永遠不能沈脫。

《浪客劍心》的故事雖然是虛構，但其故事卻令我想起已故日本著名導演小津安二郎，小津在電影界享負盛名，在 2012 年，英國《視與聽》(Sight and Sound) 影評雜誌評選的史上「最偉大的十部電影」中，小津的《東京物語》(Tokyo Story) 名列第三，在導演評選中，小津安二郎名列第一。他的作品永遠有慈祥的老人和幸福的家庭，故事通常以細膩的手法去描述日本平淡而溫暖的家庭關係，令人覺得小津本人就是他電影裏面的慈祥老人模樣。

但鮮為人知的是小津安二郎就像緋村劍心一樣，有一段十分黑暗的過去，他在二戰期間曾經是一名日軍的軍官，他在軍隊裏所負責的主要任務是隨瓦斯部隊投放化學武器。小津在中國差不多兩年，參與過不少戰役，南京大屠殺期間，他就是第一批拿着軍刀進入南京的日軍。小津在他的日記《體驗戰爭》中寫著：「砍人時像演古裝片一樣，掄刀砍下時，會暫時一動也不動。呀！倒下了。戲劇果然很寫實，我居然還有心情注意這種事。」(梁文道，2013) 一個戰時的千人斬，戰後回國想安穩和諧的渡過餘生，小津的故事是否有點像《浪客劍心》裏「劊子手拔刀齋」從良故事的真實版？

戰後小津再沒有提起他的戰爭經歷感受，也沒有留下懺

悔的紀錄。究竟小津後來溫暖的作品是不是他對二戰時罪孽的補償？還是平衡之前的心理狀況？現在已經無從得知，可能就是這種獨特的素質，令他的作品這麼突出。事實上，很多日本人的上一代也是緋村劍心，「劊子手」回家後仍然要生活，對於之前的所作所為亦因不同的人而有不同的反思，對此可能不自覺地影響了下一代，無論如何，這個二戰的包袱到現在的流行文化裏，仍然清晰可見。

另一個受到二戰直接影響的是著名導演深作欣二，他在 2000 年發表的《大逃殺》，故事裏的邪惡政府就直接叫「大東亞共和國」，這國家名與二戰時期日本想建立的「大東亞共榮圈」何其相似。青少年時的深作欣二於二戰期間在一家彈藥廠工作，期間彈藥廠遭到砲火攻擊，他親眼看到同年紀的青少年受傷情景令他產生對戰爭痛恨的心態，亦反映在他以後的作品裏。

第二個在九十年代發表十分受歡迎又與二戰有強烈關聯的作品就是《Keroro 軍曹》。《Keroro 軍曹》漫畫於 1999 年開始連載，並拍成動畫，故事講述 K 隆星特殊先鋒部隊隊長 Keroro 軍曹，為了進行征服地球的準備工作潛入日向家，但卻輕易被冬樹和夏美擄獲。侵略總部因而緊急撤離地球，留下先鋒部隊。於是，Keroro 軍曹開始了隸屬於日向家的生活。

因為是兒童節目的關係，雖然仍然是以侵略地球為主角的動機，《Keroro 軍曹》的故事本身以天真有趣為基調，

而主角「Keroro 軍曹」及其朋友亦在造型上設計得十分可愛。事實上，《Keroro 軍曹》最惹爭議的地方不是其故事，而是主角們的名字和他們的服裝。「軍曹」是二戰時日本皇軍獨有的對中士級士官的稱呼，而主角們所戴的帽子，更是二戰時日本皇軍士兵帽子，令人懷疑創作人為何冒着歷史大不韙在兒童節目裏用上代表二戰皇軍造型和名字作為討人喜歡的主角。

試想如果在西方的兒童節目裏，出現以德國納粹黨的軍官作為主角，而納粹軍官在節目中做很多可愛的行為取悅小孩子。這個節目在西方一定被禁，其作者的道德和價值觀一定被社會強烈質疑，這主題在西方是絕對不能觸碰的社會禁忌，在日本卻輕易通過，甚至《Keroro 軍曹》更成為流行作品，在香港也有播出並大受小孩子歡迎，孩子家長更爭相購買其相關產品。無論怎樣解釋，《Keroro 軍曹》可以被視為對二戰時軍國主義日本的懷念或回憶。

在以上的兩個例子可以看到二戰對日本流行文化的影響，縱使創作人們都沒有經歷過二戰，在九十年代，我們還會見到以士兵回國後對自己所作所為贖罪和背負着戰爭包袱的作品如《浪客劍心》。同時，亦會出現懷念和重新包裝以代表二戰時日本符號的作品如《Keroro 軍曹》。證明對二戰的記憶和懷念仍然在日本人心中一代一代的遺傳下去。

生物實驗品的反抗 ： 蒙面超人

無論喜歡日本流行文化與否，大家一定聽到過《蒙面超人》(Kamen Rider、假面騎士)，《蒙面超人》和《咸蛋超人》一樣，都是代表日本流行文化的符號，可知其重要性。《蒙面超人》系列作品是從 1971 年開始發表，發表後大受歡迎，製作成功自然會延續下去，就這樣一代一代的《蒙面超人》不斷製作，到目前為止已經有超過四十代《蒙面超人》了。經過了五十年的變化，新一代的《蒙面超人》跟原本石森章太郎的設定已經有很大的距離，每一代《蒙面超人》的故事設定都不一樣，唯一保留的就是用變身腰帶變身騎着電單車打怪人的情節。

《蒙面超人》的敵人主要是「怪人」，「怪人」跟《咸蛋超人》打的「怪獸」本質上有很大分別。首先「怪人」是從人類改造的，不像「怪獸」天生就是怪獸，不需要改造，被改造人的「怪人」自然有人性，這也是「怪獸」沒有的。另外，「怪人」是人的大小而「怪獸」就是一隻龐然巨物。當然，「怪人」通常是被邪惡組織控制，而「怪獸」就比較自由，喜歡來就來，走就走。所以《蒙面超人》裏面的「怪人」通常都有種不能控制其命運悲劇感。

因為經歷了五十多年系列發展和改變，令《蒙面超人》隱喻的焦點變得模糊，要看清楚原來的「文化隱喻」，就要看第一代元祖級「蒙面超人 1 號」的設定了。先看「蒙面超人 1 號」的故事，講述本鄉猛 (洪大龍) 被企圖支配地

球的邪惡組織撒旦幫 (SHOCKER) 擄走，並強迫進行改造
人手術，在最改造的後一步被洗腦前被救出並逃離撒旦幫，
之後決定與撒旦幫對抗。表面看來故事沒有特別與二戰拉
上關係，但當細看內容時，卻處處呈現着二戰的殘留記憶，
雖然製作《蒙面超人》時，已經距離二戰結束差不多三十
年了。

首先，在故事裏所設定的反派撒旦幫是由納粹黨餘黨
組織而成，納粹黨是二戰惡名昭彰的符號，在七十年代再
提納粹黨似乎並非偶然。再看撒旦幫給主角改造成什麼？
一個蝗蟲與人合體的「怪人」！「蒙面超人 1 號」本身也
是一個「怪人」，只不過他在被洗腦前逃脫了，才可以保
存原來的記憶與撒旦幫作戰，做英雄自然不會叫自己做「怪
人」。其他反派「怪人」其實都是跟他一樣，只是完成洗
腦過程令「怪人」服從撒旦幫。「怪人」本身就是撒旦幫
生物實驗的人體實驗品，為什麼叫「怪人」做人體實驗品？
因為之後與「蒙面超人 1 號」對戰的「怪人」都是人與其
他昆蟲或動物的混合品，如蜘蛛男、蝙蝠男、黃蜂女等，
每次製造「怪人」都用不同的昆蟲動物和人混合改造，那
明顯是在做實驗，因為假如「怪人」是成功的話，就不用
每次試不同的配方試一下那一個能打敗「蒙面超人」，直
接大量生產成功的「怪人」不是更合理嗎，例如有一集就
推出幾個跟「蒙面超人」一樣的「怪人」作戰。

將強迫人類作人體實驗與二戰連在一起時，就會令人想
起當時在中國發生的恐怖歷史。在二戰時，德國和日本同

屬於軸心國的聯盟，也做了不少反人類的罪行，人體實驗正正是其中最令人髮指的行為之一。

當年在創作《蒙面超人》時，說創作人沒有被這段歷史影響是難以令人信服的，畢竟作者是有意將二戰、納粹軸心國和人體實驗串連成一起。當然，假若二戰時的生物科技得到延續的話，七十年代改造「怪人」的科技應該發展得十分成熟，可能可以成功地改造出「怪人」，這創作概念與同期美國流行文化中的超級士兵計劃《美國隊長》實際上是類似的。這是因為二戰後，美國接收了德國和日本的頂尖科學家，在獲得當年日本在生化科技的成果後，美國在五六十年代已經致力發展生化武器和人類改造的研究，這一點在美國軍方或中情局的解密文件和一系列的陰謀論中有很多提及，所以美國和日本都不約而同地在相同時間點出現以改造人為主題的流行文化作品。

《蒙面超人》之後的改造人作品亦層出不窮，從《改造人卡辛》、《人造人 009》(Cyborg 009) 到近年《一拳超人》裏的傑諾斯，改造人已經脫離了當初以人類作生物實驗的隱喻。無論如何，《蒙面超人》的故事確實帶着強烈二戰的包袱，儘管在當時的日本人和創作團隊大部分已經是戰後的新生代，但顯然二戰的記憶和影響對一般日本人來說，仍然十分強烈。

03 美國流行文化的隱喻

跟日本不同，美國的歷史較短，而且因為它是一個以移民立國的國家，所以美國社會常被人形容為是多種文化的大熔爐。但是美國到目前為止仍然是以各類歐洲裔白人主導社會文化運作，如意大利裔、愛爾蘭裔、猶太裔等等，所以在意識形態上，美國仍然受到歐洲的歷史文化所影響，這也在流行作品中反映出來，我在第一部分已經列出不少元素作為例子。一個文化的創作，會從其獨特歷史所累積而成的「文化記憶」中取材和啟發，美國的文化創作也不例外，很大部分受到「文化記憶」的影響。

歐洲文化裏面有不少各式各樣的怪物，其中吸血僵屍和狼人就廣泛地被美國流行文化中應用，加上美國土產的喪屍，成為三種在美國流行作品中最常見的怪物。在這裏要解釋一下，怪物（Monster）跟日本的怪獸（Kaiju）有很大的分別，美式怪物大都是人變的，通常是被僵屍、人狼、喪屍咬了之後被「傳染」的，牠們也是人類一般的大小，最多也只是大一點而已。而日式怪獸就完全不同，牠們多數是從地底深處爬出來的史前巨獸，體形巨大，完全不是人類的另一種生物。不少研究西方文化的學者都認為，各式各樣的西式怪物其實是隱喻着那個時代普遍存在的「文化焦慮」。

在這一部分，我會分析我認為影響美國流行文化創作的兩個主要元素：「文化記憶」和「文化焦慮」。

歷史遺留的文化記憶

　　「文化記憶」的意思是透過保留過去歷史的痕跡，從歷史經驗中汲取教訓來適應新的環境，使其文化得以長久地生存下去，例如我們文化中的成語就是從歷史典故發展出來，是我們的「文化記憶」。美國的歷史有很多來自歐洲的移民，美國主流認同的文化是遺傳自歐洲，所以美國文化還是保留了不少歐洲的「文化記憶」。在這一部分，我會深入分析歐美歷史對現在美國流行文化「文化記憶」的重要性，及其影響創作流行作品時的決定。

　　雖然美國的歷史較短，但美國的主流文化是歐洲文化的延續，而「文化記憶」亦隨着歐洲文化而根深蒂固地留在美國文化之中。個人認為，歐洲歷史上有兩件重大事件一直影響着西方的文化創作，而美國也承襲了這兩件歐洲的「文化記憶」。美國本身也有屬於自己的歷史「文化記憶」影響着自身的文化創作，同時也有兩件重大事件我認為影響其文化創作，直到現在我們仍然可以從流行文化中經常看到這些事件的隱喻。那四件歷史事件就是歐洲的「十字軍東征」、「蒙古入侵」和美國的「殖民美洲」、「獨立戰爭」。在以下這部分，我會分析美國文化創作裏常見的歐美四件歷史事件隱喻所呈現的流行作品。

普世價值的承傳：正義聯盟

要討論的第一個從歐洲文化傳承給美國的「文化記憶」是「十字軍東征」，要了解這個「文化記憶」就要明白以下「十字軍東征」的歷史。

簡單地說，「十字軍東征」是指歐洲在十一至十三世紀之間，向伊斯蘭世界發動持續近二百年的戰爭。「十字軍」是由當時的教廷發起，由歐洲各地騎士、商人和農民自願組成的聯盟集團，遠赴耶路撒冷和地中海東岸地區作戰。「十字軍」以捍衛宗教、解放聖地為口號，以現代人的語言來說，就是捍衛歐洲的意識形態，和保護歐洲人的利益。然而，「十字軍」在東征途中所發生不斷的姦淫搶劫行為，明顯是之前提過，執行「聖戰」時所付出的「附帶性破壞」了。

然而，美國人並非歐洲人，也沒有歐洲的宗教歷史。大部分美國人信奉的是新教，而非歐洲的天主教。那麼，為什麼美國人會像歐洲人一樣背負起捍衛意識形態的包袱呢？這就要看看美國人如何定位自己。

在美國，有不少人稱自己的國家為「天選之國」(God's own country)，意思是美國是一個受到上帝獨厚的地方。美國地大脈博，擁有豐富的天然資源，而且地理位置上被兩大海洋包圍，難以被其他國家攻擊，從而使本土相對遠離戰爭，這確實是一個得天獨厚的地方。

至於美國的制度，也是美國人引以為榮的元素。之前有一位美國學者法蘭西斯福山 (Francis Fukuyama) 寫了一本名為《歷史的終結及最後之人》(The End of History and the Last Man) 的書，主要提出美國體制已經是人類社會進化的終點，是人類政府的唯一終極模式。從福山的角度來看，美國的文化和制度自然是世界上最完美和最先進的。

簡單地說，美國人認為自己是天選之民，並擁有終極完美的制度，因此理所當然地他們自覺有責任去推廣和維護這種「普世價值」。而代表美國文化的超級英雄，在「能力愈強，責任愈大」的道理下，自然有「義務」以他們超能力去保護和推廣這個完美的「制度」，這就是維護「正義」，是美式超級英雄的「道德高地」。

這想法其實與中世紀的「十字軍」一樣，「十字軍」就是以相同的邏輯，以戰爭或武力的方式去保護推廣其意識形態和生活方式。超級英雄和「十字軍」不同的地方是，超級英雄將宗教意識形態改成揮舞美式制度的「正義」大旗，而超級英雄和十字軍相同的地方則是，如「十字軍」一樣的不斷向世界宣揚他們的「普世價值」。

「普世價值」這個名詞常常出現在西方媒體中，其實這個概念並非近年才有。「普世價值」在西方已經被推廣了過千年的歷史。大家可能沒有留意到，西方主要宗教「天主教」的全名字是「羅馬天主教會」(Roman Catholic

Church)，當中「羅馬」和「教會」都是直接翻譯的，但 Catholic 這個字本身並不是「天主」的意思，大家只要查一下字典，就會發現 Catholic 這個字是「普遍」(universal) 的意思，Roman Catholic Church 意譯就是「羅馬普世教會」，推廣「天主教」的教義和價值觀就正正是推廣「普世」價值 (Universal Value)。要聲明，我本人並沒有任何反對「天主教」及其教義的意思，只是指出一個歷史事實而已，相信修讀神學的學者不會反對我的說法。

但是德國哲學家尼采 (Friedrich Nietzsche) 在十九世紀末宣布「神已死」，尼采「神已死」的意思不是說神已經「死了」並不再存在，而是西方自「啓蒙運動」開啟了理性和科學的思維之後，以前建立在基督教基礎上的意識形態都難以為繼，因為「對基督教上帝的信仰已經變得難以令人入信」。因此西方世界難以再用「神」之名作號召發動戰爭，「普世價值」定義由從前以「神」的意識形態作為基礎，慢慢轉變成現在以「資本主義式民主」意識形態作為中心主軸。所以，在推廣「普世價值」上，其實西方已經做了千多年，超級英雄和「十字軍」都是在做同一件事，以武力向世界推廣西方的價值觀，雖然從前「普世價值」與現在的內容有點調整。

至於聯盟，無論是《正義聯盟》或《復仇者聯盟》，都是將自己陣營內的戰士集合在一起，對抗強大的對手，他們的敵人都是從宇宙的遠方而來的強大軍力，如《正義聯盟》的達克賽德 (Darkseid) 或《復仇者聯盟》的魁隆。這與西方歷史「十字軍東征」的模式十分相似，為打倒強大

的伊斯蘭威脅，歐洲各國的武士與平民唯有聯合一起東征，希望取回聖城耶路撒冷並將伊斯蘭趕回東方。

在這裏可以看到，超級英雄聯盟及其敵人，都是受到「十字軍東征」的「文化記憶」而出現的文化作品，而向世界推廣他們的「普世價值」，這任務就一直承傳到現在。

來自東方的瘟疫：吸血殭屍

歐洲的兩個具有強烈「文化記憶」的歷史事件，除了「十字軍東征」之外，另外一個就是「蒙古入侵」。這個事件對西方文化產生了深遠的影響。以下將詳細分析「蒙古入侵」對西方文化的影響。

「蒙古入侵」不僅是歐洲首次遭受亞洲人以碾壓式的武力擊敗，而且對歐洲的最大影響之一是促成了俄羅斯的統一，使其成為歐洲強國。

在「蒙古入侵」之後，蒙古的金帳汗國統治了俄羅斯長達二百四十年之久，期間將許多相互獨立的小公國統一成一個強大的國家。俄羅斯在歷史上一直被西方排斥，有時甚至被視為敵人，其中一個原因是，蒙古統治使俄羅斯錯失了參與歐洲文藝復興的機會，因此俄羅斯的歷史宗教文化與歐洲主流宗教文化發展出不同的軌跡。

　　另一個更深層次的原因是，歐洲人長期以來一直認為俄羅斯人的血統不純。由於在蒙古統治期間產生了許多與蒙古人混血的後代，許多皇室和貴族家族以至沙皇都有蒙古血統，甚至連「十月革命」的領導人蘇聯的主要締造者列寧的祖母也是蒙古族人。一項研究發現，在曾經被蒙古帝國統治過的地區裏面，現在有 8% 男性體內藏有蒙古的DNA（Mayell H, 2003）。因此，這個位於「東方」的俄羅斯對於主流西歐文化的歐洲人來說，被視為是不同族群的混血白人。

　　《吸血殭屍》（Dracula）是英國作家布萊姆斯托克（Bram Stoker）於 1897 年發表的小說。故事描述了德古拉伯爵這個「吸血殭屍」，為了尋回他四百年前的舊愛，從羅馬尼亞的古堡到倫敦作惡。《吸血殭屍》這本小說大受歡迎，並改編成無數的影視作品。而「吸血殭屍」本身也已經從東歐的民間傳說轉變為流行文化中的一個符號。

　　《吸血殭屍》小說內有大量的隱喻，但其最主要的一個隱喻就是「來自東方的瘟疫」。作者以原來住在東歐的「吸血殭屍」（東方人）到英國倫敦四處咬人，將殭屍病毒（瘟疫）在倫敦傳播的情節作為全書的重要隱喻。瘟疫也是歐洲歷史上的重要事件，十四世紀出現的「黑死病」禍害與影響深遠，其在文化上的影響亦比較容易明白，「黑死病」將瘟疫的概念深深植入歐洲人腦海之中，瘟疫在西方文化裏亦變成了常用的隱喻，諾貝爾文學獎得主馬奎斯（Gabriel García Márquez）著名作品《愛在瘟疫蔓延時》（Love in the Time of Cholera）就以瘟疫作為全書的隱

喻。諷刺的是，歐洲人在十六世紀發現新大陸後，從歐洲（美洲的東方）帶來大量如麻疹、流感、水痘、黑死病、斑疹傷寒、猩紅熱、肺炎、瘧疾和天花等病毒，造成瘟疫迅速蔓延，殺死九成當時沒有免疫力的美洲原住民。

至於《吸血殭屍》故事裏的東方人是隱喻那些人？主流分析認為作者是隱喻猶太人，因為在十九世紀期間，移居倫敦的猶太人數量急劇增加，令當時社會出現反對的聲音。《吸血殭屍》故事的另一個重要隱喻就是「血統的污染」，大量猶太人移居到倫敦自然會有人與英國人結婚生子，那正是來自東方的人種（猶太人）來到英國污染了純正英國血統（正確一點是英格蘭的盎格魯撒克遜血統）。「吸血殭屍」借吸了受害人的血，造成血液交換去污染受害者的血，令受害者也變成殭屍 - 一種變異了不純潔的人類，「不潔」（Unclean）是《吸血殭屍》在原著裏用來形容「殭屍」的。當然，「蒙古入侵」的歷史也不容易磨滅，「來自東方的瘟疫」也是間接地隱喻了「蒙古入侵」的這段歷史。

同理，在美國流行文化中的怪物也是透過咬受害者使其變成怪物的，吸血殭屍、狼人、喪屍咬了受害者後被「傳染」也是隱喻着血統的污染，被「傳染」後的人基本上是無藥可醫，只能接受逐漸變成「怪物」的命運。這裏可以看到西方的怪物的獨特之處，他們都是人類被「污染」後的產物，與日本的怪獸本身就是外星或史前生物的設定完全不同。

除了「血統污染」之外，歐洲人也害怕再次被亞洲人擊敗和統治，類似於「蒙古入侵」。十九世紀時，「黃禍」（Yellow Peril）這個詞語被歐洲人創造出來，極具侮辱性和種族歧視，主要用來形容東亞人，如中國人和日本人，被視為人猿般的低等生物，同時又被賦予神秘的魔法能力。因此，歐洲人認為必須殖民中國，以免亞洲人將西方人變成奴隸。這當然是當年歐洲帝國主義國家試圖征服東亞的藉口，同時也反映了對「蒙古入侵」這段歷史的恐懼。

從那時起，西方流行文化中的反派角色開始加入中國元素。在 1913 年，英國作家薩克斯羅默（Sax Rohmer）創作了一系列暢銷小說，其中反派角色「傅滿洲博士」（Dr. Fu Manchu）就是以「黃禍」為基礎塑造的。後來，荷里活利用西方演員扮演「傅滿洲」，在二十世紀一零年代到六十年代期間拍攝了十七部電影，受到廣泛歡迎。在漫畫中，《鐵甲奇俠》和《尚氣》（Shang-chi）的宿敵「滿大人」（Mandarin）就是漫威版本的「傅滿洲」。最後，由於顧及辱華問題和內地市場等原因，《鐵甲奇俠 3》中的「滿大人」被改為代號，而《尚氣》將「滿大人」改名為「文武」」。

另外，2024 年串流平台 Netflix 的劇集，改編自著名中國小說的《三體》(3 Body Problem)，就將故事大量改動，將本來發生在中國的故事改寫成發生在英國，角色也改成以白人為主，卻保留了故事開始時的文革歷史背景和人物元素。在新的世界觀下，劇集裏彷彿隱喻人類的危機

源於中國，主要的「壞人」是一直潛伏在英國的中國人，人類需要依靠以白人領導的西方政府來拯救世界，這「原罪」概念也離不開「黃禍」的情意結。

要強調引用上面的一些例子如漫威或 Netflix，並不是要指控西方創作人常常刻意將「黃禍」的訊息隱藏在作品裏面，反而正正就是他們的「文化記憶」影響創作上的選擇，令他們有意或無意地加入這些情節。

簡單來說，《吸血殭屍》隱喻了純白人血統被「東方人」污染的情意結，「蒙古入侵」和「黑死病」瘟疫的「文化記憶」至今仍然影響着人們，這也是《吸血殭屍》在流行文化中仍然是熱門話題的其中一個原因。

殖民美洲的牛仔：阿凡達

自從哥倫布在 1492 年發現新大陸之後，歐洲國家就搶着到新大陸殖民，各國在新大陸不斷拓展領土和資源，在美洲的資源如金、銀、皮草等等都是歐洲人覬覦的東西。順便一提，正正是這段時間歐洲在美洲得到大量金銀後不斷從中國進口商品，導致明朝隆慶和萬曆年間 (1567-1620) 有大量財富湧入中國，是出現「萬曆中興」的其中一個原因。

在歐洲殖民其間，為了奪得更多財富，歐洲人估計殺害了大概五千六百萬原住民。美國電影著名的類型就是借

這段歷史來發揮的西部牛仔片，早期西部牛仔片的代表就是尊榮（John Wayne）主演的電影。它們都以白人的視點為故事中心，壞人基本上都是原住民「印第安人」，「印第安人」(Red Indian) 解作紅色的印度人，本身就是一個十分歧視性的字眼，著名的電影場面大都是白人牛仔們與「印第安人」大戰，以射殺打敗所有「印第安人」結束。那時的荷里活電影常常將美洲原住民塑造成揮舞着戰斧，隨時準備攻擊白人及其家人的野蠻人。直到七十年代開始，西部片才慢慢出現對原住民表示同情的故事，其中最著名的就是 1990 年上映的《與狼共舞》（Dances with Wolves）。

《與狼共舞》的故事是講述南北戰爭期間，一個白人到了原住民處生活，溶入並欣賞他們的文化，男主角更愛上原住民女主角。後來白人大舉入侵原住民的家園，男主角與原住民一起奮力抵抗白人大軍。

這故事是否十分面熟？因為同樣的故事在荷里活不停地重複地在用，2009 年上映的科幻電影《阿凡達》（Avatar）也是用着同一橋段，我們看看《阿凡達》的故事。

在未來，地球人正在潘朵拉星上開採稀有礦產（奪取資源），為了改善和原住民納美人的關係（方便殖民），並對潘朵拉星的生物圈加以研究，科學家們培養了納美人的「阿凡達」，一種可令人將自己的意識傳入替身的科技。主角藉着「阿凡達」溶入並欣賞納美人的文化，並愛上納美人

女子。最後地球人決定對原住民趕盡殺絕，男主角挺身與原住民一起反抗。

　　無錯，《阿凡達》正正是科幻版的《與狼共舞》，片中的納美人和美洲原住民有相類似的髮式、服裝和文化等，《阿凡達》和《與狼共舞》不同的只是時間（未來）、地點（外太空）和原住民的膚色（藍色）。有趣的是，《阿凡達》製作單位主要找黑人演員而非原住民來演納美人，這是否隱喻現在美國的原住民數目不到美國總人口的 2% 情況下，在美國被壓迫的已經變成非洲裔人？

　　除了《阿凡達》之外，另外一部使用《與狼共舞》故事結構的電影是 2003 年上映的《最後武士》（The Last Samurai、末代武士），只不過將故事發生地點從美洲改為日本。《最後武士》的故事描述在明治維新時期，一位白人男主角來到日本，受聘將日本軍隊現代化，試圖淘汰傳統武士。然而，當白人進入武士村落後，他漸漸欣賞武士的精神，並愛上武士的女兒。最後，其他白人將領攻擊武士，男主角挺身與武士一起反抗。

　　這部電影就更加有趣，它將原本《與狼共舞》中相對「未開化」的美洲原住民改變成當時「未現代化」的日本人。從某種程度上，這部電影可能有意或無意地隱喻了日本在戰後被美國「殖民」的經歷。二戰戰敗後，從 1945 年至 1952 年期間，美國透過駐日盟軍總司令部間接統治日本長達七年之久，直到日本在 1952 年簽署《三藩市和

約》後才恢復主權。至今，美國仍在日本駐有軍隊，被一些人稱為美國在日本的「軍事殖民」。

《與狼共舞》的故事也並非原創，早在 1970 年上映的《烈血戰士》（A Man Called Horse、太陽盟）就有類似的故事情節。不論是《阿凡達》還是《與狼共舞》，這些故事背後反映了對於帝國主義擴張所帶來的災難的反思，還是懷念於帝國主義時代的情懷？當然，一些有良知的西方人會透過這些作品對於因為被殖民而滅亡的文明和被屠殺的原住民表示同情，但也有許多西方人仍然沉迷於昔日帝國主義殖民世界的歷史之中。

邪惡帝國的口音 ：星球大戰

美國在語言上，是繼承了前宗主國英國的語言，某些程度上，也繼承了英國在語言上的文化。要知道英國國家領土雖然不大，卻有四十多種不同的口音，這些口音與我們在電視電影裏聽到的「英國口音」不同，大家聽熟了的「英國口音」其實叫「公認發音」（Received Pronunciation），「公認發音」只是一種發音的標準而不是口音，口音是有地域劃分有文化歷史基礎的，例如香港人說普通話被北方人稱為「廣普」，「廣普」是口音，不是廣東話的方言（至於廣東話是否「方言」則是另一議題，不在這裏辯論）。「公認發音」則是類似中國古代的「雅言」或「官話」，主要是當時的官方和知識分子用來溝通的語言。

　　在英國除了皇室貴族之外，沒有一個地方的人是一生出來就說「公認發音」的，所有英國人說話的口音都代表他出生長大的地方，如蘇格蘭、愛爾蘭的各地區就有屬於它們的口音，一般人要學「公認發音」通常要去私立貴族學校裏面才能學到的。英國人平時是不會互相說「公認發音」的，除非這人在上流社會交際生活或自覺高級，非上流社會的人說「公認發音」會被其他人視為造作。

　　有不少英國人在社會地位提升後改用「公認發音」說話以表示自己名成利就，其中一個例子是球星大衛碧咸 (David Beckham) 和妻子維多利亞 (Victoria)，兩人都在倫敦和倫敦近郊長大，所以都有倫敦口音，現在碧咸說話時仍然保留他的倫敦基層 (Cockney) 口音，這令到他在英國贏得掌聲，說他沒有忘本。但維多利亞卻已經改用「公認發音」說話，在社會上自然惹來不少批評。另外，在海外的英國人跟當地人說話時也盡量說得字正腔圓像「公認發音」以免外國人聽不懂他們。

　　英國是一個階級觀念很重的社會，他們的文化亦利用了口音來分辨一個人的階級。例如英格蘭東南面是一個富裕的地方，英格蘭北面則是草根的地區，兩個人從這兩個地方來，見面一開口就互相知道對方的階層，一個最快又簡單的方法去分辨不同的階級。為什麼草根地區的人不改說另一口音？因為在英語文化體系裏面，口音代表那個人的身分，除非一個人想抹去其過去，否則不會隨便改變自己的口音。我有一位英國朋友，因為與家庭決裂，為表示與

家庭劃清界線，徹底改變了自己的口音。

　　美國領土雖然大，常用的口音卻不多，分別只是比較優越的紐約口音和不同的地區口音，口音只是代表說話者長大的地方而已，沒有階級文化之分。美國人常常叫外來人改用美國口音說話，因為他們覺得美國口音才是正宗英語，不是口音，這亦代表美國文化不着重每人各自的背景，只注重「同化」外國人。

　　但是如大家有留意荷里活電影裏角色說話的口音，不難發現電影裏面的壞人，很多時候是說着英國「公認發音」，最佳例子是在《星球大戰》(Star Wars) 系列電影裏面，邪惡帝國軍的將領，幾乎全部都是清一色說「公認發音」的。其他例子是《蝙蝠俠—俠影之謎》(Batman Begins、蝙蝠俠：開戰時刻) 裏面的終極壞人忍者大師 (Ra's al Ghul)、《沈默的羔羊》(The Silence of the Lambs) 裏面的食人魔醫生 Dr Hannibal Lecter，也是說着一口標準的「公認發音」。不要以為因為飾演那些角色的演員是英國人，所以他們才說英國口音。因為要配合不同角色的歷史文化背景，英國演員的基本訓練就包括練習不同口音，很多大家以為是美國人的演員，其實是英國演員長期說着美國口音而已。

　　為什麼壞人都說「公認發音」？在英國說「公認發音」的人大多數是上流社會或知識分子，而且「公認發音」是有點造作的說話方式，聰明又造作的外國人口音，

在美國人看來是不值得被信任。從美國人的角度看，美國在獨立前長期被英國統治，在十八世紀，英國人以高壓手段壓榨美國人，從而支付其對外戰爭的軍費，導致後來官迫民反式開始的獨立戰爭和美國獨立。在歷史上，「大英帝國」在全球以血腥手段殖民以奪取資源財富，根據一項研究，「大英帝國」在殖民印度的五十年間，印度就死了一億六千五百萬人 (J Hickel, 2022)。在當代的角度和美國人眼中，「大英帝國」的官方發音絕對可以說是代表「邪惡」存在的「文化記憶」。

《星球大戰》裏面的邪惡「銀河帝國」(Galactic Empire) 正是對「大英帝國」的隱喻，「銀河帝國」和「大英帝國」都是君主立憲制的帝國，《星球大戰》說的是一班叛軍想推翻「銀河帝國」的故事，簡單來說就是「獨立戰爭」的科幻版，《星球大戰》對美國歷史上「獨立戰爭」的隱喻就十分清楚。要注意的是在「銀河帝國」裏面的官員都說「公認發音」，連黑武士 (原作找來黑人演員 James Earl Jones 來為黑武士配音也十分諷刺) 也盡量字正腔圓的說得像個英國人，而反抗帝國的叛軍說的都是美國口音。

從這些作品中清楚顯示出，美國人對「大英帝國」的殖民統治以及「獨立戰爭」的「文化記憶」，這個隱喻不斷在各種作品中出現，證明來自本土的「文化記憶」比從歐洲傳來的其他「文化記憶」更重要且具有代表性。

偏執與妄想
的文化焦慮

　　「文化焦慮」是指人們在全球化和現代化的過程中，對於自己的文化可能面臨改變的風險所感受到的集體心理狀態。這種心理狀態特別體現在對傳統文化的作用和價值感到困惑、質疑、擔憂甚至失望的情緒。

　　偏執妄想則是一種具有極度焦慮和恐懼特徵非理性的思考方式。有偏執妄想的人常常持有一種錯誤的信念或觀念，並且對該信念非常堅信不移。

　　之前提過的陰謀論，也是「文化焦慮」加上偏執妄想的一種體現。偏執妄想的文化焦慮可以令人從不合邏輯的角度去思考，如世界被蜥蜴人控制、地球是平的不是圓的，更離譜的陰謀論是疫情期間新冠病毒從 5G 訊號塔傳播，這麼無稽不科學的話竟然也有不少英美人士相信，更在疫情期間自發去破壞拆除 5G 訊號塔。所以，有偏執妄想「文化焦慮」的人在西方也甚為普遍。

　　在文化創作方面，帶有偏執妄想的「文化焦慮」也扮演着一個重要角色，之前已經談過陰謀論和怪物作品，以下的部分會分析一下其他受到「文化焦慮」影響又十分受歡迎的作品，及其所隱喻的「文化焦慮」。

未來的自己：喪屍活死人

跟吸血殭屍和人狼等怪物由歐洲傳入不同，喪屍（Zombie）是地道美國文化的產物，是近幾十年十分流行的美國流行作品題材，其題材已被世界各地的流行文化作品借用，喪屍已經成為一個國際認同的文化符號，不僅僅在歐洲，日本、韓國、香港也有很多喪屍題材作品。

喪屍也叫「活死人」（Living Dead），基本上受害者被喪屍咬後就會變成喪屍，喪屍失去人性毫無意識，它的食物是人肉或人腦，卻不吃其他動物，所以牠們會追着活人來咬。喪屍的創作靈感來自十七世紀海地，有傳說是當時殖民海地的西方人看到當地人會用巫術令死去的人在甘蔗田工作，這傳說慢慢演變成為現在喪屍的設定。第一部有關喪屍的電影是 1932 年拍攝的《白色喪屍》（White Zombie），但是直到 1968 年拍攝的《活死人之夜》（Night of the Living Dead）才開始變成熱門題材。

喪屍本身亦從一班行動很慢沒有思想和組織能力的「活死人」，演化到現在成為行動快速，跑得比人類還快，甚至有極強組織能力的群體，如《魔間傳奇》（I Am Legend、我是傳奇）、《地球末日戰》（World War Z、殭屍世界大戰、末日之戰）等。喪屍題材的作品的故事通常發生在很近的將來，可以是幾年後、幾個月後，甚至幾天後，如 2002 年上映的《28 日後》（28 Days Later、驚變 28 天、28 天毀滅倒數），可以看到喪屍的危機對創

作人來說是一個很接近我們的未來。近年喪屍的題材由早期的純粹怪物，慢慢演化到帶有社會性「文化焦慮」的議題，個人覺得現在比較有明顯隱喻的是兩個議題：生化實驗室洩漏和濫藥。

近幾十年的陰謀論是美國人民對政府和社會的不信任而發展出來的「偏執妄想」（paranoia），在各種陰謀論中，生化實驗室洩漏感染附近民眾的議題常常被提出，而事實亦常有發生，如在 2018 年，美國位於德特裏克堡（Fort Detrick）的生化實驗室發生洩漏事故而要關閉。類似橋段在喪屍作品裏已經是常見的故事設定，生化洩漏導致人類被感染成喪屍，如《生化危機》（Resident Evil、惡靈古堡）等。事實上這些陰謀論者的「偏執思想」也不是沒有根據，之前提過，美國在二戰後取得日本頂尖生化科技和科學家之後，致力發展生化武器，在世界各地設立的生物實驗室越來越多。實驗室多自然容易發生事故，生化洩漏事件也時有發生，對於住在附近設有生化實驗室的人來說，未來的一天會發生大型生化洩漏事故的「生化危機」可能性是存在的。

至於濫藥就一直是美國的嚴重社會問題，大部分美國人或多或少都曾經試過吸毒，美國擁有全世界最大的非法藥物市場。而近年出現了一種新型藥物被人稱為「喪屍藥」(Tranq) 的馬用鎮靜劑甲苯噻嗪（Xylazine），注射之後會令人變成喪屍一樣，行動緩慢腳步不穩，沒有意識，皮膚更會慢慢潰爛，十足喪屍的模樣。在美國城市「喪屍藥」

用者聚居的地方看起來跟電影裏的「喪屍城」一樣，十分恐怖和危險，而且類似的「喪屍城」有擴散的跡象，美國加拿大越來越多城市中有「喪屍城」區域。

隨着越來越多的「喪屍城」區域在各城市出現，喪屍這個原來虛構的怪物變得越來越真實，美國人身邊的人隨時可以變成「喪屍」。根據現時美國社會文化的走向，人類會「進化」成喪屍的「後人類」理論和想法在不少流行作品裏出現。

無論是生化洩漏或濫藥問題，喪屍代表着美國人對自己未來生存環境所產生的焦慮。生化實驗室洩漏曾經令人民感染病毒如伊波拉、炭疽菌等，令人聞風喪膽，在未來類似的事故亦十分可能再重演，在這情況下，人民的健康與安全是沒有保障的。另外人民濫藥導致各城市出現「喪屍城」的現象也令人擔心，未來的人類是否也會因為各種原因，活在一個充滿「喪屍」的世界，更甚者是自己與至愛，也會變成「喪屍」？這正是從喪屍作品所反映出來當代社會的「文化焦慮」。

內戰之後的美國：末日先鋒

從六十年代開始，荷里活的科幻或未來主題電影，很多時將未來世界描繪成一個所謂「反烏托邦」（Dystopia）的世界，最著名的可說是從八十年代一直拍到現在都十分受歡迎的《末日先鋒》（Mad Max、瘋狂的麥斯）和本世

紀初的《22 世紀殺人網絡》系列電影，電影裏的無政府式無秩序末世景象的確是深入人心，連日本的流行作品《北斗之拳》（Fist of the North Star）亦是深受《末日先鋒》影響的創作。

「反烏托邦」的意思是對理想國度「烏托邦」概念的否定，「烏托邦」（Utopia）一詞是由英國作家托馬斯摩爾（Sir Thomas More）在 1516 年寫的一書《烏托邦》中所提出的概念，書中寫的是一個完全理想的共和國「烏托邦」，這個國度是呈現着一個理想完美的境界，其中人們共享財富、平等和和諧。然而，這個社會同時也存在着嚴格的規範和控制，個人自由受到限制。這種描述啟發了後來作家和思想家對於反烏托邦概念的深入思考。

「反烏托邦」則描繪了一個極度負面、不完美或以暴易暴社會。反烏托邦的故事或作品通常呈現出對人類自由、個體權利、社會正義等價值觀的無視，在無政府狀態或極權社會下，暴力份子以武力壓迫和控制弱者的世界。

在這裏要提一提東西方文化在哲學方面最大的分別，在東方，我們的哲學是基於循環不息的概念，即是事件會不斷以不同方式重複發生。這概念從實用的層面，例如用來計算時間方式，不似西方由一開始一年一年的加上去，我們是用六十年一個甲子來計算，六十年後又重頭開始。我們的宗教信仰是相信因果輪迴轉世，人生前有前生死後有來世「今世因來世果」，連四大名著之一《三國演義》也

用「天下合久必分，分久必合」的循環論作為起點，我們的哲學思維是相信歷史不斷循環重複直到永遠（歷史巨輪在轉）。

但西方文化哲學就完全相反了，因為受到「一神教」的影響，「一神教」代表基督教、東正教、猶太教和伊斯蘭教等始於亞伯拉罕的宗教。西方宗教相信世界是有個起點（創世記）亦有一個終點（世界末日），人類的歷史進程是一條直線往前走，從開始至結束不會重複。因為這種根深蒂固的思維模式，在某程度上西方的文化哲學科學以至政治都是以不回望，否定從前的理論的方式向前走。正正是這種破舊立新的思維啟發西方文化中的「文藝復興」和「啟蒙運動」等思潮帶領世界走進現代化的社會。

但是有如東方哲學所說的「物極必反」，二戰後主導整個西方的美國文化在六十年代開始慢慢走向墮落之路：經濟失衡貧富差距不斷擴大、濫藥失控、傳統道德淪陷令社會遂漸喪失家庭觀念，以至近年民粹政治興起、白人人口下降導致在美國白人將會少於其他民族而淪為「少數族裔」（D. Visé, 2023）等等，令到有如「烏托邦」的「美國夢」一步一步的走向瓦解。

「美國夢」是歷史學家詹姆斯特拉斯洛亞當斯（James Truslow Adams）在 1931 年提出的概念。「美國夢」不僅是對財富的追求，它還提倡美國是一個跨越障礙和社會階層，讓每個人在最大程度上發揮潛能的社會。

　　有點像我們的「獅子山下精神」於七十至八十年代得到強烈的認同，在某程度上「美國夢」在五十年代的美國是得到實踐的，這一點可從荷里活電影常常將五十年代描述成為一個美好安穩的世界裏看到。在電視電影裏的五十年代美國通常是被夢幻般的粉色系列覆蓋着，粉藍色的車配合主角粉黃色的裙住在粉綠色的家裏，映象充滿中產的氛圍，電影裏面的角色以整潔的白人家庭為主，主角夫妻和睦，孩子乖巧，友善的中產家鄰居互相關心照應，無論事實是否如此，電視電影裏的五十年代都是「美國夢」的典範。

　　但到了六十年代，社會就發生急劇轉變，1963 年的甘迺迪總統被刺仿彿也刺破了「美國夢」的完美糖衣，隨之而來的民權運動和反越戰抗議等一系列運動令「美國夢」光環也暗淡下來。在文化上，「搖擺六十年代」常常被人以色彩斑斕、吸毒與性愛自由來形容，五十年代「美國夢」式的模範美國家庭已經過時。1962 年推出的第一部 007 系列電影《鐵金剛勇破神秘島》（Dr No、第七號情報員、諾博士）就標榜（從男性角度的）自由性愛與性濫交。

　　某程度上「美國夢」迅速由人人有平等機會，變成純粹對財富的追求，「美國夢」當代版已經變成白手興家的富豪發跡史，如史蒂夫喬布斯（Steve Jobs）、朱克伯格（Mark Zuckerberg）或伊隆馬斯克（Elon Musk），一個華麗轉身之後，「美國夢」原來是代表美國社會貧富懸殊的標記。

　　五十年代之後的美國社會狀況小每況愈下，貧富懸殊加劇、犯罪率急升、種族主義、仇外心理與社會分裂在互聯網裏面更加被凸顯，從過去六十年的軌跡去看，美國人對自己的未來的確難以樂觀。美國皮尤研究中心（Pew Research Center）調查顯示，在 2023 年，只有 23% 的美國人認為現在的人生活質素比五十年前提升了，而 43% 的美國人認為生活質素比五十年前更差，超過六成六的美國人認為在 2050 年，美國的經濟、國力、政治社會分裂以至貧富差距都會比現在更差（A. Daniller, 2023）。

　　近幾年美國不少洲因為資源不足，將價值低於 950 美元的入店行竊改為輕罪，警察在人手不足與監獄容納人數有限的情況下放棄對這類案件執法，導致被稱為「零元購」（Zero dollar shopping）的入店搶劫罪案猖獗，而這些搶劫亦演變成有組織性的行為，更迅速蔓延到全美各大城市，美國的治安狀況實在令人擔憂。

　　美國政治對立所引發的社會分裂近年越發嚴重，「內戰」成為網上熱搜詞語。有關隱喻美國內戰的電影在 2016 年的《美國隊長 3：英雄內戰》已經開始醞釀，在 2024 年上映的電影《美帝崩裂》(Civil War、帝國浩劫：美國內戰）更預視着一個美國分裂「反烏托邦」年代降臨的倒數。令人擔心的是《衛報》（The Guardian）早前做過一項統計，表示超過 40% 的美國人認為在十年內，美國將會爆發內戰。而網上平台 AXIOS 公布兩組數據顯示 20% 的美國人認同「國家離婚」(national divorce) 的概念 (M.

Talev, 2023)。荷里活的電影往往是反映着美國社會氛圍和民意走向的代言人，如 1998 年的災難電影《末日救未來》(Deep Impact、天地大冲撞　彗星撞地球) 裏就首次出現由摩根費曼 (Morgan Freeman) 演出黑人美國總統，到 2009 年美國真的出現了首位黑人總統奧巴馬 (Barack Obama)。

荷里活在過去幾年不斷製作以「覺醒文化」(WOKE Culture) 為主的電影和節目也反映着美國社會文化的走向。「覺醒文化」是自 2010 年代以來美國人對有色人種、多元性別社群和女性身份認同政治的左翼政治運動，大家可以發現現在荷里活的作品裏，很多英雄都是女性，主角中有最少一位不同種族及有多元性別的角色。

從這些例子看來，「美國內戰」可能真的離我們不遠，美國人擔心了幾十年的「反烏托邦」世界可能真的會到來。最起碼《美帝崩裂》是最拍攝得最接近現實的「反烏托邦」作品，其真實程度的確可以引起不少美國人不安。

「反烏托邦」作品就是在擔心未來的「文化焦慮」之下產生，它將美國的未來刻畫成一個充滿罪惡無政府主義狀態的適者生存世界。看到現在的社會環境，毒品泛濫令「喪屍城」蔓延、治安失控令「零元購」當道、民粹政治大流行令國家分裂，現在的美國社會彷彿是加速朝着「反烏托邦」的方向進發。

總结

一口氣跟讀者看了美日流行文化不同的例子，這本書旨在通過分析美國和日本的流行文化，探討它們之間的差異以及所蘊含的「文化隱喻」。明白到這本書所觸及的議題非常廣泛，對某些讀者來說可能有些一時難以消化。同時，本書對每個範疇的分析也只是較為表面，事實上，每個議題都可以發展成一篇學術性論文。然而，考慮到本書的目標讀者是普羅大眾而不僅僅是學者，因此在用語、文章結構和議題的深度上，不希望過於專注以免給人一種難以接近的感覺。

對於本書中某些議題的探討，或許將來會有機會進一步深入思考和研究。本書可以被視為是分析美日流行文化符號的入門書籍。如果大家對於「文化隱喻」感興趣，絕對可以參考更深入、更專門的文章。

個人寫作這本書的目的，是希望以較為嚴肅的角度介紹美國和日本文化中的動漫、電影和超級英雄等流行作品給讀者認識。畢竟，流行文化代表著當代的社會氛圍和藝術，從一個簡單直接的角度反映了當代社會的狀況。雖然流行文化作品常常給人純粹娛樂或僅供年輕觀眾欣賞的印象，缺乏像當代視覺藝術或文學一樣對社會進行深刻反思，但正如我在開頭提到的，這些作品在創作時無論有意還是無意地做出決定，都能反映出創作者所處的時代和社會狀況，並在其中潛藏著歷史文化的痕跡。

閱讀完本書後，大家應該能夠認識到所有創作，包括流行作品，都是在自身歷史文化的 DNA 下一點一滴積累形成的。大家在不同媒體看到的作品，可能很有趣很刺激或者很時尚，但在它們的創作背後，都依賴自身歷史文化的支撐。當大家欣賞有趣的故事時，可能沒有注意到其中的歷史文化隱喻，有些隱喻可能非常深刻，有些十分沉重，有些則來自於傳統，還有一些則源自現代人的「文化焦慮」。這些隱喻正是人類文化幾千年來「文化記憶」的累積遺傳，也是文明的印記。

總括來說，美國的歷史雖然相對短暫，但其流行文化受到了歐洲文化的深遠影響，特別是在宗教和意識形態方面。這種影響在超級英雄類型的作品中尤為明顯，超級英雄的設定和行為可以追溯到歐洲的宗教歷史。此外，怪物創作也源於美國自身的歷史和對未來的焦慮，各種怪物作品受到了從歐洲到美國的歷史事件（尤其是戰爭）的啟發。

在過去的千年中，歐洲文化一直以武力推廣其意識形態，同時追求血統的純正。而美國作為帝國主義的受害者和加害者，對自身文化的衰落感到擔憂，同時也擔心有缺陷的制度和文化可能帶來的反噬。這種情意結在美國的流行文化作品中得到了強烈的反映。

相比之下，雖然日本的歷史比美國更為悠久，但其流行文化深受近代歷史事件和社會發展的影響。二戰的戰敗對日本社會文化造成了長期的衝擊，即使在今天，差不多

八十年後，日本人仍然背負着二戰的歷史包袱。戰後的社會結構也給年輕人帶來了巨大的壓力，「低慾望」和「繭居族」青年成為社會現象，這些問題也在日本的流行文化作品中得到了體現。

這本書對我來說是一個小小的里程碑，因為它代表我對流行文化分析的一次探索和嘗試。我試圖以較為嚴肅的方式來探討美國和日本的流行文化，並希望讓讀者認識到這些作品背後所蘊含的文化意義和歷史背景。我相信，透過對這些作品的深入分析，我們可以更好地理解和欣賞它們，並從中獲得更多的觀點和啟發。

然而，我也清楚地意識到這本書的局限性。由於篇幅和目標讀者的考慮，我無法在每個議題上進一步展開深入的討論。每個章節中的分析只是觸及到了相應議題的表面，而這些議題本身可能需要更多的時間和研究才能完全理解和探索。因此，我希望這本書能夠成為讀者對美日流行文化的入門指南。

未來，我希望有機會進一步擴充這本書的內容，填補其中的不足之處。可能會有更深入的研究和討論，涉及更多的流行文化領域和作品。我相信，這樣的深入研究將有助於我們更好地理解不同文化之間的差異和共通點，並更全面地把握流行文化對於社會和文化的影響。

總而言之，這本書是我多年觀察和思考的一個階段性

總結，並且在我個人的學術和創作旅程中佔有一席之地。我希望這本書能夠為讀者提供一個有趣且引人思考的觀點，激發他們對美日流行文化的興趣，並啟發他們進一步探索這個豐富而多元的領域。謝謝。

參考書目

FUKUYAMA, F. (1992). The end of history and the last man. PENGUIN.

KILEY, D. (1983). The peter pan syndrome: Men who have never grown up. Avon.

Saito T. (1998) Shakaiteki hikikomori: Owaranai shishunki. (Societal hikikomori: Unending adolescency). PHP-Kenkyujo, Tokyo.

孫隆基 (1985). 中國文化的 " 深層結構 ". Hong Kong: 集賢社 .

網路資源

Albassam, H. (2021, May 15). The relationship between masks and aggressive behavior. Arch. https://arch.library.northwestern.edu/concern/generic_works/7w62f865n?locale=en

Cantor, S. (2019, December 13). Sexuality and gender representation in Japanese art during the Edo Period. https://www.researchgate.net/profile/Meredith-Keukelaar/publication/355718815_Sexuality_and_Gender_Representation_in_Japanese_Art_During_the_Edo_Period/links/617b04213c987366c3fb5477/Sexuality-and-Gender-Representation-in-Japanese-Art-During-the-Edo-Period.pdf?origin=publication_detail

Daniller, A. (2023, April 24). Americans take a dim view of the nation's future, look more positively at the past. Pew Research Center. https://www.pewresearch.org/short-reads/2023/04/24/americans-take-a-dim-view-of-the-nations-future-look-more-positively-at-the-past/

Glass, M. (2022, July 30). Japan's youth shun politics, leaving power with the elderly. The Japan Times. https://www.japantimes.co.jp/news/2022/07/30/national/politics-diplomacy/voter-turnout-youth/

Global gender gap report 2023. World Economic Forum. (2023, June 20). https://www.weforum.org/publications/global-gender-gap-report-2023/

Guardian News and Media. (2022, August 30). More than 40% of Americans think civil war likely within a decade. The Guardian. https://www.theguardian.com/us-news/2022/aug/29/us-civil-war-fears-poll

JIJI. (2023, April 1). 1.5 million people in Japan living as social recluses, many as a result of the pandemic. The Japan Times. https://www.japantimes.co.jp/news/2023/04/01/national/hikikomori-numbers-pandemic/#:~:text=JAPAN-,1.5%20million%20people%20in%20Japan%20living%20as%20social%20recluses%2C%20many,a%20result%20of%20the%20pandemic&text=Apr%201%2C%202023-,An%20estimated%201.46%20million%20working%2Dage%20people%20in%20Japan%20are,the%20Cabinet%20Office%20showed%20Friday

Shah, S. (2020, January 9). The US has been at war 225 out of 243 years since 1776. thenews. https://www.thenews.com.pk/print/595752-the-us-has-been-at-war-225-out-of-243-years-since-1776

Sullivan, D., & Hickel, J. (2022, December 2). How British colonialism killed 100 million Indians in 40 Years. Al Jazeera. https://www.aljazeera.com/opinions/2022/12/2/how-british-colonial-policy-killed-100-million-indians

Talev, M. (2023, March 16). Two Americas index: 20% favor a "national divorce." https://www.axios.com/2023/03/16/two-americas-index-national-divorce

The revenue of the AV industry has reached 1% of Japan's annual GDP! It has become the central pillar of Japan, and the history of AV development has been exposed-頭條匯. The revenue of the AV industry has reached 1% of Japan's annual GDP! It has become the central pillar of Japan, and the history of AV development has been exposed. (2024, January 25). https://min.news/en/world/7dba7055c4755dbecbe6823a730a2136.html

wen.org.cn@gmail.com. (2009, June 30). 文章 - 孫小寧：小津安二郎的 " 戰爭 ". http://wen.org.cn/modules/article/view.article.php/c/1184

Visé, D. de. (2023, August 7). America's white majority is aging out. The Hill. https://thehill.com/homenews/race-politics/4138228-americas-white-majority-is-aging-out/

小津安二郎：侵華日軍的毒氣軍曹，影迷眼裏的電影藝術大師. 網易首頁 . (2021, April 1). https://www.163.com/dy/article/G6E2HQHE05149IAT.html

梁文道：小津安二郎七次參戰 寫日記砍人就像演古裝 .
梁文道：小津安二郎七次參戰 記日記砍人就像演古裝 _ 衛
視頻道 _ 鳳凰網 . (2013, April 27). https://phtv.ifeng.
com/program/kjbfz/detail_2013_04/27/24748595_0.
shtml

書　　　　名	咸蛋超人對超人：美日流行文化的隱喻
作　　　　者	林龍傑
出　　　　版	超媒體出版有限公司
地　　　　址	荃灣柴灣角街 34-36 號萬達來工業中心 21 樓 2 室
出版計劃查詢	(852)3596 4296
電　　　　郵	info@easy-publish.org
網　　　　址	http://www.easy-publish.org
香 港 總 經 銷	聯合新零售 (香港) 有限公司
出 版 日 期	2024 年 6 月
圖 書 分 類	流行讀物
國 際 書 號	978-988-8890-02-6
定　　　　價	HK$ 128